名家教你写记叙文

MINGJIA JIAONI XIE JIXUWEN

张俊芳 尹超 编著

作文新理念

山西出版传媒集团 山西人民出版社

图书在版编目（CIP）数据

名家教你写记叙文/张俊芳，尹超编著. —太原：山西人民出版社，2018.8
ISBN 978-7-203-10108-6

Ⅰ. ①名… Ⅱ. ①张…②尹… Ⅲ. ①记叙文-写作-中学-教学参考资料 Ⅳ. ① G634.343

中国版本图书馆 CIP 数据核字（2017）第 216749 号

名家教你写记叙文

编　　著：张俊芳　尹　超
策　　划：樊　中
责任编辑：魏美荣
复　　审：樊　中
终　　审：阎卫斌
装帧设计：谢　成
出 版 者：山西出版传媒集团·山西人民出版社
地　　址：太原市建设南路 21 号
邮　　编：030012
发行营销：0351－4922220　4955996　4956039　4922127（传真）
天猫官网：http://sxrmcbs.tmall.com　电话：0351－4922159
E－mail：sxskcb@163.com　发行部
　　　　　sxskcb@126.com　总编室
网　　址：www.sxskcb.com
经 销 者：山西出版传媒集团·山西人民出版社
承 印 者：山西出版传媒集团·山西新华印业有限公司
开　　本：787mm×1092mm　1/16
印　　张：12.25
字　　数：230 千字
印　　数：1—4000 册
版　　次：2018 年 8 月　第 1 版
印　　次：2018 年 8 月　第 1 次印刷
书　　号：ISBN 978-7-203-10108-6
定　　价：38.00 元

如有印装质量问题请与本社联系调换

前　言

　　记叙文可以说是我们学生生涯中最早接触和进行写作练习的一种文体。记叙文看似所有人都可以写，可是写记叙文真的很容易吗？我们遗憾地发现，很多同学在记叙文写作上存在种种问题，而且这些问题具有一定的普遍性。写作时，我们尤其会觉得生活平淡，无物可写，这是一种错觉。生活不是平淡的，即使是平淡的，也有很多震撼过你、让你心情波动过的事情，我们觉得生活平淡只是因为缺乏观察，缺乏用心体会。记叙类文章，无论写人还是记事，无论志怪还是列传，都穷精极微，言深旨远。用道家的话说，是"玄之又玄，众妙之门"，用儒家的话说，则是"极高明而道中庸"。中国记叙文之妙，要举例子，那是恒河沙数。

　　本书的主要特点，一是注重写作全过程的指导，从写作前到写作中再到写作后，提供全方位的跟进式指导；二是注重启发思考和活动体验，便于师生应用和操作；三是理论和实践结合，便教利学。本书发扬记叙文文体的优良传统，借鉴名家创作的经验，结合广大读者尤其是青少年学习写作记叙文的现状，进行了创新式的编排。全书十五章，引用古诗名句或将古诗文名句作了契合本章内容的改编后作为标题，涵盖本章内容，突出专项知识，选一位名家的名篇作赏析对象，在全面鉴赏的基础上引导读者逐类逐项学习。"写法指导"部分侧重讲解文体知识；"常见失误"部分主要强调指出初学写作者最容易犯的错误；"名作赏析"部分是主体，从结构、内容、写法等多方面细致赏析，为学习者提供各种参考；同时设置一些基础性的关键问题供学习者试答。尽管记叙文浩瀚如海，指导写作的书也不可胜数，但名家佳作的示范性却不可超越，这就是我们引导学习者跟名家学写记叙文的初衷。

　　记叙文从不同角度分，可以有不同类别，本书尽可能照顾到各种分类方法，试图从不同角度解读这一文体，让读者感受不同的特点，以不同的方法掌握记叙文的写法。但记叙文的基本知识却是确定的，在不同的篇章中，有的知识可能交叉重叠，这只是为了侧重某种类别，但同时也表明这些基本知识的重要性。类别只是形式的变化，重点知识却是记叙文的灵魂。

由于时间仓促，书中错讹疏漏难免，请各位读者不吝指正，以便修订。

目 录

竹外桃花三两枝,春江水暖我深知
  跟刘继荣学写感受深刻,思考独到的记叙文……………………………… 001
    童真 / 刘继荣………………………………………………………… 004

千淘万漉虽辛苦,吹尽狂沙始到金
  跟三毛学写选材恰当,中心突出的记叙文………………………………… 009
    痴心石 / 三毛………………………………………………………… 012

至真至诚抒怀抱,情到深挚自感人
  跟冰心学写感情真挚的记叙文……………………………………………… 015
    童年杂忆 / 冰心……………………………………………………… 018

浩浩江水东向流,川川汇入成汪洋
  跟王宗仁学写顺叙、倒叙相结合的记叙文………………………………… 023
    女兵墓 / 王宗仁……………………………………………………… 026

新年都未有芳华,二月初惊见草芽
  跟贾平凹学写欲扬先抑的记叙文…………………………………………… 030
    丑石 / 贾平凹………………………………………………………… 032

亭台楼阁得其妙,倚仗工者巧心思
  跟梁衡学写结构严谨的记叙文……………………………………………… 036
    沙枣 / 梁衡…………………………………………………………… 039

胸怀寰宇大世界,言近旨远意蕴深
  跟莫言学写立意深刻的记叙文……………………………………………… 044

母亲 / 莫言 ··· 047

开卷即刻疑窦生，兴高意满亟阅尽
跟纪广洋学写设置悬念的记叙文 ····················· 052
让我流泪的香橡皮 / 纪广洋 ························ 055

想象更无怀梦草，添衣还见翠云裘
跟余秋雨学写善于联想，想象巧妙的记叙文 ········· 059
阳关雪 / 余秋雨 ··································· 063

行文需明修栈道，构思要暗度陈仓
跟彭荆风学写过渡自然，照应紧密的记叙文 ········· 067
驿路梨花 / 彭荆风 ································ 074

回眸一笑百媚生，六宫粉黛无颜色
跟梁实秋学写人物个性鲜明的记叙文 ··············· 079
我的一位国文老师 / 梁实秋 ······················· 083

知人知面难知心，多个角度去写人
跟茅盾学写多角度刻画人物的记叙文 ··············· 089
忆冼星海 / 茅盾 ··································· 094

山重水复疑无路，柳暗花明又一村
跟陶纯学写跌宕起伏的记叙文 ······················· 099
痕 / 陶纯 ·· 104

文章富含象征义，辞微旨远耐寻味
跟巴金学写富于象征意味的记叙文 ··················· 109
灯 / 巴金 ·· 114

辞若似玉盘珍珠，文便如淙淙溪水
跟苏沧桑学写辞采优美的记叙文 ····················· 118
淡竹 / 苏沧桑 ····································· 124

晋楚城濮之战（僖公二十八年）（节选）/《左传》 …………… 128
荆轲刺秦王 /《战国策》 …………………………………………… 132
完璧归赵 / 司马迁 ………………………………………………… 137
信陵君窃符救赵 / 司马迁 ………………………………………… 141
鸿门宴 / 司马迁 …………………………………………………… 146
项羽之死 / 司马迁 ………………………………………………… 151
群英会蒋干中计 / 罗贯中 ………………………………………… 154
林教头风雪山神庙 / 施耐庵 ……………………………………… 158
孙悟空三打白骨精 / 吴承恩 ……………………………………… 164
香菱学诗 / 曹雪芹 ………………………………………………… 170

参考答案 ……………………………………………………………… 174

竹外桃花三两枝，春江水暖我深知

跟刘继荣学写感受深刻，思考独到的记叙文

导师简介

刘继荣，女，作家。作品屡获《读者》《青年文摘》"最受读者欢迎奖"。其文章取材多是常人眼中不屑的生活小事甚至琐事，却处处折射着纯、美、真、善；作者以不同于常人的思维与心态，描绘出一盏盏温暖孩子、照亮父母的心灵烛光。她的文章常以简单精爽的言辞悦人，以隐潜深刻的道理服人，以微小隽永的故事暖人，几乎每篇文章都能引起广大读者发自内心深处的强烈反响与广泛共鸣。2008年被教育部聘为中小学课题组专家。多篇作品被教育部课题组选入作文教材。代表作品有《穿西装的斑点狗》《谁在惦记着你》《遇见世上最好的爱》等。

写作指导

感受，有别于观察，观察着眼于外界事物的存在，并以获取外在信息为主要目的，其要领是"放开五官"去摄取；而感受则是由客观事物的影响而产生的一种心理活动，其奥妙在于"捕捉内心细腻、微妙的情绪和感情波动"。感受以观察为前提，是在观察的基础上进行的。

思考又是在感受的基础上展开的一种理性思维活动。它从自己对生活的感受出发，通过理性思索，进而形成对生活的认识和判断。

在写作中，思考起着承上启下的作用，而感受则是思考赖以产生的前提。感受和思考虽然都以客观事物为基础，但又都有着浓重的主观色彩，是文章的统帅

和灵魂。所以落实到表达上,最重要的是写出自己对生活独特而深刻的感受和思考,越是真切的东西,越是具有个性的东西,才越能打动人。例如,刘继荣《遇见世上最好的爱》叙述了发生在"我"儿子身上的诸多小事:第一次吃鸡翅时偷偷藏在袖子里给妈妈分吃、过马路时总想要保护妈妈、过母亲节时送给妈妈一路盛开的槐花、发现与妈妈血型相同时欢呼妈妈需要时自己可为她输血。从一件件平凡的小事中,"我"感受到纯真的感情、深沉的爱意。结尾处写到:"你没有看到,我在辛苦的同时享受到多少甜蜜;你也无法感受,我生命中最深的温暖。但请你一定相信遇见了孩子,就是遇见了世上最好的爱。"将孩子对父母的爱意上升到"生命中最深的温暖""世上最好的爱"的高度,显示了作者感受思考之深刻、独到。

可见,如果对自己所要表现的生活和事物没有深刻的感受和独到的思考,就写不出别具一格、富有感染力的好文章。那么,怎样感受和思考生活呢?

一、于细微处用心感受

生活中的事物大多平淡无奇,我们往往习以为常。然而,"熟悉的地方更有风景",一抹夕阳的余晖,一缕玫瑰的芳香,一个浅浅的微笑,一丝淡淡的伤感,都能引起我们的某种感受,这种感受就可能成为我们文章的内容。刘继荣《谁惦记着你》主要写了大学时"我"感冒时下铺对自己的照顾和大雪天十岁儿子对自己的挂念。"我"感动于友情与亲情。"感冒实在是一种幸福的滋味。""……我们仿佛走在涌动的花海中,整个天地间都是令人恍惚的落了又开的繁华。"如果作者在日常生活细微之处没有用心真真切切地感受到这些深沉的情感,就写不出如此令人心动的佳作。

二、要多"情"善感

外界的事物常常是平凡的,也是生动的,丰富多彩的,但如果我们面对这一切无动于衷,自然写不出什么好文章。因此我们要培养自己的情愫,学会睹物思人,触景生情,因为没有情感的感受是苍白无力的,没有感情的思考也是枯燥乏味的。许多中外名著,都是凭借作者多情的心、善感的心而成就的。鲍尔吉·原野在其作品《月光手帕》中写的是一件再平常不过的小事:一个陪亲人在医院看病的小女孩,于一天夜晚,误将楼梯上透过"长窗斜照进来"的一片月光当作"奶白色的手帕",并弯下腰去试图拾取。作者凭着一颗敏感的心,发现小女孩在生活的煎熬中"心里盛着美",他甚至替月光"感到遗憾",因为她辜负了"小姑娘轻巧的半蹲拣手帕的样子"。他于平凡小事中感受到人性的至美,这些生动的描写情韵深长,引发读者无尽的遐思。

三、学会深入地思考生活，认识事物，具备"振叶以寻根，观澜而溯源"的功夫

具体包含三层意思：一是由此及彼，即借助身边已知的事物，间接地去认识其他未知的事物；二是由表及里，即在感受的基础上，通过分析、综合、比较，发现一类事物所共有的本质特征或各种事物之间的规律性联系，并使自己的感性认识上升为理性认识；三是由点到面，即由个别到一般，就是把个人的感觉和情绪概括为人们普遍的感觉和情绪，这种概括愈广泛，也就愈具典型意义，也就愈能引起人们的感情共鸣。当然，这三种思考方式在写作实践中常常是互相交织、互相渗透的。毕淑敏的《素面朝天》由花草树木的天然质朴想到了人的某些特性，进而质疑人类乔装打扮，将自己"隐藏在脂粉和油彩"后面的行为。日本作家东山魁夷的《一片树叶》从"一片树叶"的诞生和消亡写起，想到了地球上其他生命的"生死轮回"，由个人对自然现象的感受上升为对"生命要义"的理解和探索。

总之，我们不但要有一双敏锐的眼睛，一颗善感的心，积极地观察自然，感受生活，还要养成良好的思考习惯，这是写好文章的前提和基础。

常见失误

对生活真切入微的感受、深刻独到的思考无疑是文章的精髓和灵魂，但我们在写作中常常不自觉地踏入种种误区，致使自己的文章缺少魅力，其主要表现有以下几类情形：

误区一：感受肤浅，内容平庸

这类习作仅仅将所见所闻抄录复制一遍，而没有注入自己真切而细微的感悟，没有融入自己深刻而独到的思考和认识。其文字必然苍白乏力，缺乏意蕴和情韵，读来干巴巴的，味同嚼蜡，仿佛没有灵魂的僵尸。如，有的同学在作文中写道："今天早上，李明穿了一件衣服，背着书包上了三层楼的教室，一个人坐下来，翻开了书本。"这位同学大约想写李明独自起早，表现他勤奋学习的精神，可这样的描写哪里还有半点感召力？究其原因，主要是作者对自己所描绘的人和事的感受只停留在观察层面上，谈不上深入思考。感受固然离不开观察，但需要在观察的基础上提升。

误区二：矫揉造作，空泛无力

感受须源于内心才显得真切动人，思考也须从肺腑中自然流出才有价值，而且感受和思考与其赖以产生的事物和生活必须是有机融合的，而不能是彼此割裂的。可是不少习作对生活的认识往往兀立于观察到的现象之上，小题大做，生拉硬扯，颇有"为赋新词强说愁"之嫌。如某同学在作文中简单写了他面对"倒下的凳子"采取的"不扶"的行为后，就大段发表议论，并把视角引向了"生活中，有许多人为恶行而不思过，不改正"。仿佛自己"不扶起倒下的凳子"的行为是个壮举，只有这样才能促使那些惯于作恶的人觉悟起来，悔过自新。整段文字流于空洞说教，面目可憎，读之令人生厌。

因此，在写作过程中，我们要培养自己感受生活和思考生活的意识和习惯，且紧紧抓住情感体验这一关键环节，抒写出丰富多样、独具风采的心灵世界。

名作赏析

文章从"我"的角度叙述了女儿与小男孩约会、与陌生男子攀谈等事件，描述生动，引人入胜，突出了女儿的童真与善良。同时引发人们的思考：曾经熟悉的童真与善良如今因何变得陌生？我们应该如何看待孩子的童真与善良？孩子在童真与善良的同时又是那样的"老练"，我们该喜还是该忧……

童 真

刘继荣

①女儿从小不认生，觉得满世界皆是可亲之人，见谁都笑。有一次，我在街边的瓜果店买桃子，没零钱，卖瓜果的不以为意："下次补吧，大家都认得你，你是那个小酒窝的妈妈。"我先一愣，然后才醒悟过来，原来女儿的人缘有这么好。

> "我"可以买东西先不付钱，全因女儿。举例说明，女儿"觉得满世界皆是可亲之人，见谁都笑"，突显其童真；这种童真，是可以感染人的。

②我有些忧心忡忡，孩子总那么憨，像个不长心眼儿的小糖人儿，万一遇着个歹徒怎么办？回家后，我细细教导了女儿一番，教她如何防范陌生人，她正在吃桃子，满脸桃汁，只管咿咿唔唔点头，也不知记住没有。

③一个周末，我们一家去逛早市。这一路上，女儿结识了好几个朋友，甚至还得到一名穿超人斗篷的小男孩的邀请，两人打算下午一起去广场玩，而且不带家长，小孩子可以在一秒内信任对方，大人就未必了。超人的妈妈尽管面有难色，但拗不过儿子，答应了。婆婆则在我耳边嘀咕："不知根不知底的陌生小孩，怎么可以一起出去玩！再说两个人都指甲盖那么大，没有大人跟哪行啊！"我朝老人家挤挤眼，叫她先别反对，我自有主意。

④下午，女儿准时出门，我悄悄尾随，小超人已到广场，他们荡秋千、滑滑梯，又看了一会儿别人放风筝。很快，我发现小男孩的妈妈也尾随其后，我们两个会心一笑，分别躲在隐蔽处，忠心耿耿地做保镖。荡秋千时，女儿险些翻下吊椅，幸亏小超人手快扶住了她，但脑袋似乎还是被磕了一下。我当时几乎要挺身而出，但最后还是忍住了，因为女儿只摸了摸头，开心都来不及，哪有时间哭！

⑤他们在人群里悠闲地逛了一会儿，又去看月季花，花圃边的长椅上，一个正在发脾气的小妹妹不理会妈妈的劝阻，揪下自己的鞋子扔进草坪。他们帮忙捡回来，小妹妹觉得有趣，立刻停止哭闹，一遍一遍扔鞋，他们也当做有趣的游戏，争先恐后去捡。旁边有个老太太竖起大拇指："三兄妹好和睦，相亲相爱一家子。"我窃笑：这是相亲相爱陌生人啊！

"我"的担忧，为母之常情。

孩子的童真，大人未必有。

语言诙谐。

描写生动具体，场面多么温馨和谐，一切缘于童真！

叙事有波澜，引人入胜。

1. 文中说"女儿对答如流，说在跟爸爸妈妈捉迷藏呢，他们可能就躲在前面的树丛里。我又惊又喜，这理由简直妙不可言"，"我"为什么会"又惊又喜"？

原来是一场误会！也是"童真"惹的"祸"。

童真是可以感染人的。

童真但不失警惕，聪明！

⑥黄昏时，两个小人儿挥手告别，各自回家，我们两位家长也暗暗点头告辞。这时，空荡荡的路上，突然走过一个陌生男子，身材高大，语调温和，他与女儿攀谈起来，问她几岁了，家住哪里，上小学还是幼儿园。女儿似乎毫无戒备，一一告知，好像还顺口说出一连串电话号码。我心中惴惴不安，靠近两步，准备随时现身。

⑦那陌生男子又问女儿，为何单独走路，爸妈在哪里？女儿对答如流，说在跟爸爸妈妈捉迷藏呢，他们可能就躲在前面的树丛里。我又惊又喜，这理由简直妙不可言。此时，陌生男子从背包掏出一把玲珑的小红伞，向女儿比比画画，我心咚咚跳叫自己沉住气，看看女儿会怎样应付。

⑧那陌生男子硬是将小伞塞入女儿手中，两人开始拉扯退让。我赶紧走过去，还未来得及出声，一名推婴儿车的女子忽然走过来，正是广场上扔鞋小妹妹的妈妈。她挡在陌生男子面前，质问他意欲何为。陌生男子大窘，举起小伞叫我们看，上面印着广告，有家新开张的甜品店儿童节大酬宾。他解释，因为小女孩实在太可爱，忍不住多聊了几句，所以才造成一场误会。

⑨女儿对尴尬的陌生男子说："叔叔，我想要两把小伞。"我颇为疑惑，男子开心相赠，还给婴儿车上也插了一把，我心里暗自决定，下周带全家人去这家店里吃甜品。女儿看着熟睡的小妹妹，惊喜地说："这是扔鞋的小妹妹。"推车女子莞尔一笑："真是有缘。我生怕你遇到了坏人呢。"

⑩到家后，我崇拜地问女儿，为何能这么聪明地应对陌生人。女儿骄傲地告诉我，在幼儿园老师经常讲，还请警察叔叔在课堂上演练，她做得最好啦，但我仍有疑惑："那你为什么把地址

和电话都告诉她了？"女儿得意地笑道："我说的全是舅舅家的，坏人一定找不到我的！"全家人哄哄大笑。有这么一个外甥女，舅舅不知该哭还是该笑。

⑪我忽然想起一件事，问女儿："你为什么要两把小伞？"她回答："昨天幼儿园来了一个新同学，叫黄丝丝，总是哭，不说话也不玩。我送一把小伞给她，她就会笑的。"

善良的童心。

⑫我的心忽然感到无比欣慰。我们常常行进在布满旋涡、处处危险的浊流中，孩子的童真与善良，却让我仿佛在浊流中看到了一股清泉，这股清泉让我感受到了人性中的甘甜，让我看到了人间最美好的那一面！这份童真与善良我曾经是那样的熟悉，而现在又是如此的陌生。

2.⑫段中使用了怎样的修辞手法？
童真熟悉而又陌生，令人深思。

⑬只是，欣慰之余，我内心却又是一丝沉重，如鲠在喉：天真的女儿在应付"陌生叔叔"的时候，是如此老练，如此"聪明"，这让我心中又多了一份陌生，我是该喜还是该忧呢？

如鲠在喉：

⑭也许，面对陌生的童真，我们有太多太多值得思考的问题……

——选自华语网

3.作者陷入深思。面对陌生的童真，我们应该思考些什么？

1. 初读文本，从"我"的角度梳理概括文章内容（从地点、情节及"我"的心情三个方面概括）。

2. 纵观全文，说说文章结尾处"陌生的童真"的含义。文章第⑬段提出了一个问题："我是该喜还是该忧呢？"请写出你对此问题的看法和理由，并谈谈你读完此文后的感悟。

这是一篇优秀的记叙文，我们着重从以下几方面学习：

1.选材于生活小事而主题深刻。文章叙述的是女儿在日常生活中的一些小事，却折射着纯、美、真、善，引发人们对童真、善良、信任的深入思考。

2.感受细腻，思考深入。在女儿身上发生的一些事情，让作者敏感地感受到其中折射的童真与善良，进而联系社会生活，联系成人世界，生发议论："这份童真与善良我曾经是那样的熟悉，而现在又是如此的陌生"；"只是，欣慰之余，我内心却又是一丝沉重，如鲠在喉：天真的女儿在应付'陌生叔叔'的时候，是如此老练，如此'聪明'，这让我心中又多了一份陌生，我是该喜还是该忧呢？"这又涉及人与人之间的信任问题，作者的思考不可谓不深刻。

3. 叙事有波澜。在记叙女儿接受小男孩邀请一起玩耍后，又出现了一个陌生的叔叔，与之"拉扯退让"，让人担心是怎样的坏人，而后误会解除，原来是做广告的叔叔。而这个过程中，女儿的童真与聪明尽显无遗。

千淘万漉虽辛苦,吹尽狂沙始到金

跟三毛学写选材恰当,中心突出的记叙文

导师简介

三毛,原名陈懋(mào)平(后改名为陈平),1943年出生于重庆。1948年随父母迁居台湾;1967年赴西班牙留学,后去德国、美国等;1973年定居西属撒哈拉沙漠;1981年回台后,曾在文化大学任教,1984年辞去教职,以写作、演讲为重心;1991年1月4日去世,年仅48岁。三毛的作品情感真实,具有浓郁的抒情色彩,其代表作有《倾城》《梦里花落知多少》《撒哈拉的故事》等。

写作指导

中心,是一篇文章的灵魂,一篇文章必须有中心,而且要中心突出。如何做到这一点,选材与剪裁很重要。

选材,指写作时材料的选择;剪裁,是一种比喻的说法,指写作中材料的取舍。我们知道,写文章必须有一个鲜明的中心思想,然而,用什么表现这个中心呢?这就要谈到"材料"了。正像砖石、钢筋之于高楼大厦一样,材料之于文章是基础,在一定程度上,可以说材料的选择与取舍直接决定着文章的质量。只有平时注意从生活和书本中积累材料,作文时又能从丰富的积累中精选出最恰当的材料,文章才能写得好。那么怎样恰当选择和取舍材料呢?

一、选材要围绕中心

一般文章涉及的内容很多,但它的中心思想只能有一个,众多的内容都是围

绕着一个中心的。三毛《卖花女》中写了与卖花女交手的六个回合：第一回合，卖花女硬生生把市场仅卖150元的盆景以500元的高价卖给我，而这盆景竟然是无根的；第二回合，卖花女又以600元的高价，卖出一盆无根盆景；第三回合，我认定卖花女所卖盆景无根劝说朋友不买，卖花女保证有根，又让我和朋友糊里糊涂付了200元订金；第四回合，卖花女送我一小盆指甲花，我不忍白拿，又付300元；第五回合，卖花女小鱼钓大鱼让我自动买了一大棵爬藤植物，一次500，分四次付清；第六回合，卖花女送丈夫一小盆指甲花，并当着别人的面说"一向送花给我们"，以至丈夫不好意思，又付钱200元。同时，文中还写了我与卖鸡蛋、卖锅的忠厚男子的对话与交易。全文的内容不可谓不丰富，而这些内容或正面或侧面突出的是一个中心：卖花女花言巧语，胡搅蛮缠，得寸进尺，不讲诚信，是个"伟大的卖花女"，是"这个世界上最伟大的推销员"。

二、选择典型的，舍弃非典型的

选用最具代表性、最能反映事物本质的材料，也就是人们常说的典型材料，这样的材料最有说服力和表现力。魏巍同志创作《谁是最可爱的人》的经历最能说明这一点。他写这篇文章的初稿题目是"自豪吧，祖国"，文中用了20多个事例来表现志愿军战士的爱国主义、国际主义精神。这些事例虽然都能围绕中心，但由于"例子堆得太多，好像记流水账"，所以效果不好。于是作者对材料作了果断取舍，集中笔墨只写了三个最有代表性的例子，即"松骨峰战斗"、"马玉祥火中救小孩儿"和"小战士防空洞吃雪"，从不同侧面表现出中心思想，于是《谁是最可爱的人》成为传世佳作。

三、选择新颖生动的，舍弃陈腐呆板的

要选用新颖的、有特点的材料。材料不落俗套，才能给读者耳目一新之感，也才能使文章富有创意。具体来说又包括两层意思：一是材料本身是新颖鲜活的，具有时代感的，"像刚从海里抓上来的鲜鱼，带着它即时的新鲜"。这就需要我们带一双慧眼，去观察，去发现。二是旧材料新用法，即鲁迅先生用过的"故事新编"。能做到使用新鲜材料当然最好，但我们的阅历、视野有限，不可能掌握太多，因此，赋予旧材料以新的含义也是较为明智的选择。总之，我们在写作中，要力求在选材时多下功夫，做到别人说过的话，我不照原样说；别人用过的材料，我不照搬来用。套用唐代大文豪韩愈的一句话：唯陈"材"之务去。

四、选择具体的，舍弃空洞的

要选用具体的、"有血有肉"的材料，而不能选用空洞的、"有影无形"的"材料"。

写作上，尤其是记叙性文章的写作，通常提倡"以小见大"，因为具体的小事才能给人深刻的印象，使读者产生感情上的共鸣，这一点在记叙类文章的写作上尤为重要。三毛《背影》主要表达了父母对"我"的深爱和"我"对父母的愧疚与感恩。为突出这一中心，选择了自己丈夫去世后，发生在父母身上的几件细小事情：只要一听到"我"的脚步声，父母很快就打开了门；母亲捧着一碗汤，察言观色，用近乎哀求的口气恳求"我"喝一口，遭到拒绝，站好一会儿，又捧出去；客厅一片死寂，父母不交谈，怕影响"我"的心绪……尤其是选择了父母不顾路途遥远步行前去墓地祭奠丈夫、在大风中母亲提着几个装满日用品的大袋子执意自己回家的背影来写，令人刻骨铭心。

知道了材料的重要性，我们不免要问："好的材料从哪里来？"来自生活，来自读书，来自观察，也来自积累。

常见失误

清代著名思想家、学者章学诚说过："凡立言之要，在于有物。"这里所说的"物"即"材料"。恰当的材料从哪里来？一般来说，选择自己熟悉的，甚至于经历过的生活容易写好，因为自己对这些生活可能有过深切而真实的体会；"剪裁"实际上还涉及一个"详写什么，略写什么"的问题。在这方面常常出现的问题如下：

误区一：材料虚假，无病呻吟

个别同学写文章，总爱搜奇猎异，一味追求"与众不同"，而忽略自己身边那些能够使人动容的寻常生活。因为自己对其所写的内容不熟悉，更谈不上真切的感受，写起来装腔作势，矫揉造作，其中所谓感情当然也是"为赋新诗强作愁"的"无病呻吟"，这样的文章看似新奇，实则虚假做作，实难打动人心。近年来，不少同学的考试佳作取材于父母、同学等身边人、平常事却得了高分的事实已告诉我们怎么做才是明智之举：真实的，往往更能打动人。

误区二：轻重倒置，繁简失当

写作中，如果处理不好繁简的问题，那"取材"时所下的功夫也就前功尽弃了。写作时轻重失当，导致文章缺乏应有的分量，自然也就谈不上感染力和说服力了。如写以"诚信"为话题的文章，选择"狼来了"这样一个妇孺皆知的故事，而且用详细的笔墨绘声绘色地写来，会给人拖沓冗长之感。

名作赏析

作者以深情的笔触,为我们记叙了父母与自己之间发生的几件事情,看似无关联,读来却让人感动不已。

痴心石

三毛

①许多年前,当我还是一个十三岁的少年时,看见街上有人因为要盖房子而挖树,很心疼那棵树的死亡,就站在路边呆呆地看。树太大了,不好整棵地运走,于是工地的人拿出了锯子,把树分解。就在那个时候,我鼓足勇气,很不好意思地问,可不可以把那个剩下的树根送给我。那个人笑着看了我一眼,说:"只要你拿得动,就拿去好了。"我说我拿不动,可是拖得动。

②父母看见当时发育不良的我拖回来那么一个大树根,不但没有嘲笑和责备,反而帮忙清洗、晒干,然后将它搬到我的睡房中去。

③以后的很多年,我捡过许多奇奇怪怪的东西回家,父母并不嫌烦,反而特别看重那批不值钱但是对我有意义的东西。我和父母,其实很少一同欣赏同样的事情。他们有他们的天地,我,埋首在中国书籍里。

④我的父母并不明白也不欣赏我的那些怪癖,可是他们<u>包涵</u>。我也并不想父母能够了解我对于"美"这种主观事物的看法,只要他们不干涉,

> 叙述少年时拖树根回家的事。

> "不但……反而"这一组关联词突出了父母对我的爱。

> 表现了父母对我个性和爱好的尊重,是痴爱的表现。

1. "包涵"的含义:

我就心安。

⑤有一次，我答应了跟父母和小弟全家去海边。结果前一天晚上又去看书，看到天亮才睡去。全家人在次日早晨等着我起床一直等到十一点，母亲不得已叫醒我，又怕我不跟去会失望，又怕叫醒了我要丧失睡眠，总之，她很为难。半醒了，我只挥一下手，说："不去。"醒来发现父亲留了条子，叮咛我一个人也得吃饭。

叙述我爽约之事。

⑥中午起床，奔回不远处自己的小房子去打扫落花残叶，弄到下午五点多钟才再回父母家中去。妈妈迎了上来，责怪我怎么不吃中饭，我问爸爸在哪里，妈妈说："嗳，在阳台水池里替你洗东西呢。"我拉开纱门跑出去喊爸爸，他应了一声，也不回头，用一个刷子在刷什么，刷得好用力的。过了一会儿，爸爸又在厨房里找毛巾，说要擦干什么的，他要我去客厅等着。

叙述父母为自己精心挑选石头的事。

爸爸如此精心、耐心地"洗""刷""擦"，全都出于对"我"的痴爱。

⑦一会儿，爸爸出来了，妈妈出来了，两老手中各捧着一块石头。

画面感人。

⑧爸爸说："<u>你看，我给你捡的这一块，上面不但有纹路，石头顶上还有一抹淡红，你觉得怎么样？</u>"妈妈说："我挑挑拣拣，才得了一个石球，你看它有多圆！"<u>我注视着这两块石头，眼前立即看见年迈的父母弯着腰，伛着背，在海边的大风里辛苦翻石头的画面。</u>

2. 画线句分别表达了怎样的情感？

⑨看着比我还要瘦的父母，看着这两块没有任何颜色可以配上的、世间最朴素的石头，一时里，我想骂他们太痴心，可是开不了口，只怕一讲话声音马上哽住。父母的爱——一生一世的爱，都藏在这两块不说话的石头里给了我。

3. "一时里，我想骂他们太痴心"，这是为什么？"可是开不了口"，又是为什么？

——节选自《三毛文集》

1. 作者用"痴心石"作为文章题目的原因是什么？

2. 本文第①、②段写了少年时拖树根回家的事。有人认为这件事与标题"痴心石"无关，应该删去。你认为呢？说说你的理解。

3. 文中"我"的父母理解、尊重孩子的"怪癖"，对此，你肯定很有感受，请结合你的生活实际，谈谈你的看法。

本文至少有以下几方面值得借鉴：

1. 围绕中心选材。无论写少年时拖树根回家之事，写自己爽约之事，还是父母为自己精心挑选石头之事，这些事情看似没有联系，而实际围绕的中心是父母对自己的痴爱。

2. 选材典型，作者善于从生活小事中选取事例，突出主题。

3. 感情真挚。通篇不提"情"字，却由作者自小及大的生活事件，拨动阅者内心那根叫"情"的弦，以石头的痴心，影射父母对女儿伟大的包容之爱。更是在字里行间告诉所有读者，这世界上最痴心的，不是石头，是如石头一样痴心，给你血液，给你生命，给你一切的——父母。

至真至诚抒怀抱，情到深挚自感人

跟冰心学写感情真挚的记叙文

导师简介

冰心，原名谢婉莹，1900年出生，福建长乐人。中国诗人，现代作家，翻译家，儿童文学作家，社会活动家，散文家。笔名冰心取自"一片冰心在玉壶"。1919年8月在《晨报》发表第一篇散文《二十一日听审的感想》和第一篇小说《两个家庭》。1923年出国留学前后，开始陆续发表总名为"寄小读者"的通讯散文，成为中国儿童文学的奠基之作。1946年被东京大学聘为首位外籍女教授，讲授"中国新文学"课程。1951年回国。1999年在北京医院逝世，享年99岁，被称为"世纪老人"。著作有《冰心著作集之一——冰心小说集》《冰心著作集之一——冰心散文集》《冰心著作集之一——冰心诗集》《寄小读者》等。

写作指导

写记叙文感情要真挚。

"感情真挚"，就是要求感情真诚恳切，不能矫揉造作，无病呻吟；就是要求感情要有感而发，发自肺腑。

怎样做到感情真挚呢？

一、提高认识，发现感人材料

人一般先有认识才有情感，而积极的情感又可以促进对事物的认识。我们可以从提高认识入手，加深对所写事物的内心体验，以情感的推动力去发现感人的材料。

冰心《小桔灯》是这方面的典型例子。文中对小姑娘从贫寒的外貌、沉静有礼的待人、乐观地"笑谈"那寒酸的年夜饭、深思般地解释爸爸的下落，以及熟练、敏捷地制作小桔灯等方面进行了细节描写，使早熟、镇定、勇敢、乐观、纯真善良、富于内在美的小姑娘形象跃然纸上，真挚感人。

二、描写细节，丰富感情体验

文章感情的表达，是在描写客观事物的基础上进行的。离开具体事物的描写，单靠一些空洞的、生硬的感叹句是无法表达真情的。客观事物有实在性，因此，感情表达要忠实于客观事物的本来面貌，抓住事物感人的细节，真实具体地描写。只有这样，文章所写的人物才能活起来，所写的景物才能清晰起来，文章才富有感情。

三、发自内心，表达真情实感

文章感情表达的实质，就是人的主观意识的表白，是个人感情的自然流露，因此感情表达不能生搬硬套，言不由衷。只有出自内心，抒发自己真实的、特有的感受，才是自然的、健康的，读者与作者才能产生共鸣；反之，感情虚假、矫饰，人们读了就会觉得可笑，甚至厌恶。叶圣陶先生强调，作文要"直抒情感"，"朴实说理"，也是这个道理。所以，要表达出真情实感，不在于辞藻华丽和语句激昂，而应注意用词造句恰如其分，发自内心，表达出自己真实的感情。

四、展开联想，强化情感特质

人在情感活动中容易诱发联想，而联想则是感情发生和发展的内容源泉之一。作文可以通过联想强化情感。比如有的同学写校园里的小树，联想到自己的成长，表达对学校的热爱之情；写老师，联想到春蚕、蜡烛，抒发对老师的敬爱之情……可以由物联想到人，也可以由人联想到物，还可以由甲事物联想到乙事物，或者由现在联想到将来，等等。冰心《每逢佳节》表达了作者对祖国的热爱和祖国强大的自豪感，真实而真挚。而这一点主要借助了诸多的联想：国庆佳节，作者思绪飘到英国的利物浦，在一个四壁画满中国风景、屋顶挂着中国宫灯的饭店里，那一对热情的店主夫妇，斟上一杯又一杯的浓郁的酒，欢祝祖国万岁，祖国人民万岁；飘到缅甸的仰光，码头上长行的献花的孩子，向着我们扑来。这一群华侨儿童，献过花，便挽在我们的臂上，紧紧地跟着我们走，笑着仰头说："……你们是我们的亲人呵！"飘到日本的镰仓，"我"和华侨青年们转着火盆，谈着祖国建设，谈着世界和平，谈着他们各自的生活、志愿；飘过异国的许多口岸，熨帖着各处各地在异乡做客的亲人……

五、学会技巧，多方表达感情

真情缘于真人真事，文章要写得感情真挚，首先就要写真实的事，最好是亲身见闻。其次要注意中国传统的审美标准是"悲音为美"，往往悲剧最易打动人，所谓"国家不幸诗家幸"就是这个道理。针砭时弊，暴露人性、社会的阴暗面，感喟人生事业的曲折，在达到感情真挚的要求上效果较好。再次是用语言形式（如排比、反问等修辞、节奏明快的短句或给人压抑感的长句）去强化情感。

常见失误

文贵有情。文之无情，行而不远。文章是靠真情来打动人的，无情的文章就像是小瘪三，让人生厌。

误区一：假、大、空

情感，在记叙性的文字中表现为某种感受或表象，明确的逻辑概括很少或比较含蓄，有时也可以通过抒情议论的方式，揭示或点化写人记事的意义或自己的感受。

有的同学在写文章时往往不会表达自己的思想感情，假、大、空，写出来的文章就像"流水账"，读起来索然寡味。如写关于坚韧、坚强话题的作文，多数人会写父母离异，自己身体残废，亲人丧失生命，以博老师同情。洒虚假泪，怎么能动人呢？感情虚假或没有感情，是文章的致命伤。

误区二：没有生活积累，文章感情不真实，一惊一乍，大呼小叫

这种文章，没有生活积累，文章感情不真实，往往是用表面的文字形式掩盖苍白无力的内容。写文章不是真情动人，而是一惊一乍，大呼小叫，滥用叹词和感叹句式。其实真正有情的文章从来都是朴素的。要自然得体，清水出芙蓉，天然去雕饰。

误区三：胡乱虚构，不注意把握感情真挚与虚构的关系

虚构不等于虚假，可以说没有虚构就没有文学。虚构是生活的再加工，它反映的是艺术的真实。但虚构不是胡编乱造，而是对生活、情理的艺术再现。感情真挚不是不允许虚构，当然，在生活的基础上加工提炼，适当虚构也不是不可以，只是一定要以一颗敏锐善感的心灵为底片去观照客观世界，包括自己的生活，也包括经过内化的充满情感的其他生活材料。然后，再将这些情怀诉诸笔端时，因自己有感情投入在先，当然就有了动人的效果。

名作赏析

　　世纪老人用饱蘸深情的笔触，为我们回忆了童年的诸多往事：如饥似渴地读书、"肆意"地玩耍、与父亲的严肃对话。字里行间，充满了真挚的情感，令人动容。

童年杂忆

冰心

　　1980年的后半年，几乎全在医院中度过，静独时居多。这时，身体休息，思想反而繁忙，<u>回忆的潮水，一层一层地卷来，又一层一层地退去，在退去的时候，平坦而光滑的沙滩上，就留下了许多海藻和贝壳和海潮的痕迹！</u>

　　这些痕迹里，最深刻而清晰的就是童年时代的往事。我觉得我的童年生活是快乐的，开朗的，健康的。该得的爱，我都得到了；该爱的人，我也都爱了。我的母亲、父亲都帮助我的思想、感情往正常、健康里成长。

读　书

　　感谢我的母亲，在我四五岁的时候，在我<u>百无聊赖</u>的时候，把文字这把钥匙，勉强地塞在我手里。到了我七岁的时候，独游无伴的环境，迫着我带着这把钥匙，打开了书库的大门。

---

1. 分析画线句使用的修辞手法。

总写童年的特点：快乐、开朗、健康。

2. 解释"百无聊赖"：

门内是多么使我眼花缭乱的画面呵！<u>我一跨进这个门槛，我就出不来了！</u>

我记得我首先得到手的，是《三国演义》和《聊斋志异》，这里我只谈《聊斋志异》。《聊斋志异》真是一本好书，每一段故事，多的几千字，少的只有几百字。其中的人物，是人、是鬼、是狐，都有自己独特的性格，每个"人"都从字上站起来了！看得我有时欢笑，有时流泪，母亲说我看书看得疯了。有一次因为我在澡房里偷看，把洗澡水都凉透了，她气得把书抢过去，撕去了一角，从此后我就反复看着这残缺不完的故事，直到十几年后我自己买到一部新书时，才把故事的情节拼全了。

此后是无论是什么书，我得到就翻开看。即或不是一本书，而是一张纸，哪怕是一张极小的纸，只要上面有字，我就都要看看。记得八九岁的时候，我要求我的老师教给我做诗。他说做诗要先学对对子，我说我要试试看。他笑着给我写了"鸡唱晓"，我几乎不假思索地就对上个"鸟鸣春"，他大为喜悦诧异，以为我自己已经看过韩愈的《送孟东野序》。其实"以鸟鸣春，以雷鸣夏，以虫鸣秋，以风鸣冬"这四句话，我是在一张香烟画的后面看到的！

再大一点，我又看了英国名作家狄更斯的《大卫·考伯菲尔》，我很喜欢这本书！记得我反复地读这本书的时候，当可怜的大卫从虐待他的店主出走，投奔他的姨婆，旅途中饥寒交迫的时候，我一边流泪，一边掰我手里母亲给的小点心，一块一块地往嘴里塞，以证明并体会我自己是幸福的！母亲看见了，说："这孩子真奇怪，有书看，有东西吃，你还哭！"事情过去几十年了，这一段奇怪的心理，我从来没有对人说过！

3. 分析画线句在文中的含义。

4. 如何理解"每个'人'都从字上站起来了"？

用具体事例突显自己看书的投入。

启示：随时随处都可以读书、积累。

感受何等独特而深刻！

父亲的"野"孩子

当我连蹦带跳地从屋外跑进来的时候,母亲总是笑骂着说:"看你的脸都晒'熟'了!一个女孩子这么'野',大了怎么办?"跟在我后面的父亲就会笑着回答:"你的孩子,大了还会野吗?"这时,母亲脸上的笑,是无可奈何的笑,而父亲脸上的笑,却是得意的笑。

的确,我的"野",是父亲一手"惯"出来的。我从小男装,连穿耳都没有穿过。回福州的那一年,伯母、叔母都说:"四妹该扎耳朵眼,戴耳环了。"父亲还是不同意,借口说:"你们看她左耳唇后面,有一颗聪明痣。把这颗痣扎穿了,孩子就笨了。"自此我始终没扎耳朵眼!

不但此也,连紧鞋父亲也不让穿,有时穿的鞋稍微紧了一点,我就故意在父亲面前一瘸一瘸地走,父亲就埋怨母亲说:"你又给她小鞋穿了!"

母亲也气了,把剪刀和鞋样推到父亲面前说"你会做就给她做,将来长出一对金刚脚,我也不管!"父亲真的拿起剪刀和纸就要铰鞋样,母亲反而笑了,把剪刀夺了过去。

父亲经常就带我出去骑马或是打枪。我们骑着马在海边山上玩。父亲总让我骑那匹老实的白马,自己骑那匹调皮的小黄马跟在后面。父亲还教我打枪,我背的是一杆鸟枪,枪弹只有绿豆那么大。

烟台是我们的!

夏天的黄昏,父亲下了班就带我到海边散步,在沙滩上,我们面海坐下,夕阳在身后慢慢落下,

5.概括这一部分作者记叙了哪些事例,突出自己是父亲的"野"孩子的?

事例1:
事例2:

事例3:

事例4:

红霞满天。对面好像海上的一抹浓云，那是芝罘岛。岛上的灯塔一会儿一闪地发出强光。

一天，父亲沉默地坐着。我挨过去用头顶着他的手臂说："爹，你说这小岛上的灯塔不是很好看么？烟台海边就是美，不是吗？"这些都是父亲平时常说的话，我想以此来引出他的谈锋。

父亲却摇头慨叹地："中国北方海岸好看的港湾多的是，何止一个烟台？你没有去过就是了。"他用手拂弄着身旁的沙子，接着说："比如威海卫、大连湾、青岛，都是很美的……"

我说："爹，你哪时也带我去看一看。"父亲拣起一块卵石，狠狠地向海浪上扔去，一面说："现在我不愿意去！你知道，那些港口现在都不是我们中国人的，威海卫是英国人的，大连是日本人的，青岛是德国人的，只有烟台是我们的，我们中国人自己的一个不冻港！"

我从来没有看见父亲愤激到这个样子。他似乎把我当成一个大人，一个平等的对象，在这海天辽阔四顾无人的地方，倾吐出他心里郁积的话。

他说："为什么我们把海军学校建设在这海边偏僻的山窝里？我们是被挤到这里来的呵。将来我们要夺回威海、大连、青岛，非有强大的海军不可。现在大家争的是海上霸权呵！"

他又谈到他参加过的中日甲午海战：开战的那一天，他身旁的战友就被敌人的炮弹打穿了腹部，肠子都被打溅在烟囱上！炮火停歇以后，父亲把在烟囱上烤焦的肠子撕下来，放进这位战友的遗体的腔子里。"这仇不报是不行的！"父亲看着我说："我在巡洋舰上的时候，常常到外国去访问。我觉得到哪里我都抬不起头来！你不到外国，不知道中国的可爱，离中国越远，就对她越亲。……"

> 运用动作描写、语言描写来刻画人物形象。

> 6.再现了作者与父亲海边散步的情景。从父亲的"愤激"之态和"倾吐"之言中，你感受到父亲是一个怎样的人？

> 显示作为一名军人的深入思考。

> 突出父亲对战友的深情，对祖国的挚爱。

> 强烈的爱国之情溢于言表。

在这长长的谈话中，我记得最牢，印象最深的，就是"烟台是我们的"这一句。

许多年以后，除了威海卫之外，青岛、大连，我都去过。英国、日本、意大利……我也到过，那时我没有觉得抬不起头来。我觉得做新中国的人民是光荣的！

"烟台是我们的"，这"我们"二字，除了十亿我们的人民之外，还特别包括我和我的父亲！

——节选自《冰心散文·往事》

1. 文章开篇两段文字亲切自然，情意浓浓。请从内容和结构两方面分析其作用。
2. 深刻而清晰的童年杂忆，饱含了作者哪些复杂的情感？请结合文章内容简要回答。

冰心先生的这篇文章给我们的借鉴颇多：

1. 感情真挚。文中的对母亲将自己引入文学殿堂的感谢、对父亲的自由民主与爱国情感培养的感激、对国家的热爱和身为新中国人民的光荣和自豪以及对快乐、开朗、健康童年生活的知足等感情，不是靠空洞的、生硬的感叹句表达的，而是通过叙写童年时具体的事情表达的，是个人感情的自然流露，让读者感到真实自然，能产生强烈的共鸣。

2. 刻画人物形象鲜明。文中的父亲是一位勇敢、爱国、有思想而又爱女情深的军人形象。"父亲脸上的笑，却是得意的笑"，"把这颗痣扎穿了，孩子就笨了"，"父亲真的拿起剪刀和纸就要铰鞋样"，"父亲拣起一块卵石，狠狠地向海浪上扔去"，"你不到外国，不知道中国的可爱，离中国越远，就对她越亲"，"将来我们要夺回威海、大连、青岛，非有强大的海军不可。现在大家争的是海上霸权呵！"……文中运用语言、动作、细节等描写，使父亲的形象跃然纸上。

3. 结构严谨。全文第1、2段引出对童年往事的回忆，后面的内容以"读书""父亲的'野'孩子""烟台是我们的！"三个小标题领起，层次分明，条理清晰。

浩浩江水东向流,川川汇入成汪洋

跟王宗仁学写顺叙、倒叙相结合的记叙文

导师简介

王宗仁,陕西扶风人,笔名柳山。中国作家协会会员,中国散文学会副会长兼秘书长,国家一级作家。主要有《传说噶尔木》《雪山无雪》《情断无人区》《苦雪》《拉萨跑娘》和《藏羚羊跪拜》等代表作品。散文集《藏地兵书》获得第五届鲁迅文学奖。迄今共出版散文、散文诗和报告文学专集31部。

写作指导

记叙顺序

写作文时,我们常遇到的问题之一就是先写什么,后写什么,即顺序的问题。叙述顺序,常用的主要有四种:顺叙、倒叙、插叙和平叙。

一、顺叙

顺叙就是按照事情发生、发展的顺序来进行叙述。顺叙的行文安排与事情发展过程完全一致,所以容易将事情的来龙去脉交代清楚,使文章有条有理,层次井然。《老山界》一文,从当天下午到当天夜里,再从第二天黎明到下午两点前和两点以后,完全是按时间的先后写的。当然,用好顺叙的前提是选材典型,语言生动,否则,会给人以平铺直叙、缺乏波澜之感。

二、倒叙

倒叙，就是把事情的结果或最突出的片段提到文章的开头进行叙述，然后再写事情的起因和经过。倒叙可造成悬念，引起读者强烈的阅读兴趣，是巧妙的构思手法之一，如："在我的小抽屉里，珍藏着一只已经用旧了的圆珠笔，它是我童年的朋友兰兰送给我的。这支笔确实不怎么起眼，但是每当我看到它，便会引起一段美好的回忆。"这是一篇文章的开头，它用的就是倒叙。作者为什么要"珍藏着"这样一只"已经用旧了的"、"不怎么起眼"的圆珠笔呢？它会引起作者一段什么样的"美好的回忆"呢？这就是悬念。它会使人产生"急于想读下去"的兴趣。再如《杨修之死》，先写"操大怒曰：'汝怎敢造言，乱我军心！'喝刀斧手推出斩之，将首级号令于辕门外。"接着回头写"原来杨修为人恃才放旷，数犯曹操之忌"。此外，《祝福》《回忆我的母亲》等都用了这一写法，收到了强烈的艺术效果。

采用倒叙的写法，由倒叙转顺叙时，一定要有明显的界限，又要过渡自然。常用的方法是，顺叙部分另起一段，开头用"那是……"或"记得……"等。

三、插叙

插叙就是在叙述过程中，暂时中断叙述的线索，根据内容和主题的需要，插入一些相关的情节，然后接上原来的线索，继续进行叙述的一种写法。插叙运用得当，能使情节更加丰富，人物形象更加丰满，事件背景更为清晰，主题更加深刻。王宗仁《望柳庄》一文中在顺叙慕生忠将军在飞雪的戈壁滩播种春天的故事过程中，插叙了"我"第一次看到望柳庄时的情景，写到"这些树站在冬风与春风之间，经受着风沙的考验，他们要告别寒冬实在不容易；要把春天迎来，路途也很艰难。在我的感觉里，他们是亭亭站立的硬汉子"。用拟人的修辞手法，生动地表现了柳树艰难而不屈的生长历程。一个"站"字让人仿佛看到了柳树挺立在戈壁滩上与风沙战斗的情形，而"迎"字又写出了柳树乐观坚定的信念。"一个亭亭站立的硬汉子"的形象就呼之欲出，同时深化了文章的主题。王宗仁《情断无人区》中《一个母亲与另一个母亲》一文中，叙述了"我"开车去边防某地执勤途中与一位藏族老阿妈发生的故事：老阿妈家的帐房被叛匪烧了，女儿被叛匪打死，又碰上了突然而降的暴风雪，迷失了方向。"我"让她们母女进了驾驶室，将自己的棉背心送给了这位藏族的小阿妹，"让她穿着它离开这个冰冷的冬天"。顺叙事件的过程中，插叙了这件棉背心的由来：是母亲特地从家乡八百里秦川给我邮寄到高原的，承载了母亲对儿子深深的爱与无尽的牵挂。这样，为后文情节的发展做了铺垫,"我用您对我的关爱温暖了藏族同胞的心",升华了主题。

四、平叙

叙述两件(或更多件)同时发生在不同空间的事,称为平叙。这种叙述的方法又分两种情形:一是先叙述一件,后叙述一件,古人称为"花开两朵,各表一枝";二是并行交叉地叙述。前者,就每一件事来说,是顺叙,从二者的关系看,是平叙。这类平叙只要在起止处加以必要的照应,就可以了。后者则是几条线索相互穿插,并行推进,要把线索交织起来,巧妙照应,才能使读者看得明白。

总之,四种叙述顺序各有千秋,要紧的是合理使用,才能各尽其妙。

常见失误

清代王源在《左传评》中说:"叙事之法,切不可前者前,中者中,后者后。若前者前之,中者中之,后者后之,则板耳。"这话显然说得有些绝对,不过如果理解为"不能千篇一律都用顺叙之法",却是对的;但如果仅仅为了文章的"腾挪跌宕""摇曳生姿"而滥用、乱用倒叙、插叙等,却不仅有故弄玄虚之嫌,也会妨碍内容的表达和行文的结构。我们分别简单剖析如下:

误区一:一味平铺直叙,行文缺少变化

自古道:"文似看山不喜平。"而这类作文往往因叙述方式单调而使行文缺少变化、平板呆滞,读这样的文章犹如行进在沙漠中,让人昏昏欲睡。如果加上"取材缺乏典型性"或"语言平淡",那就更加无法读下去了。

误区二:滥用倒叙,妨害内容的表达

倒叙说白了是一种"截叙",是顺叙的变式。用好了可以使文章(包括小说)如"灵蛇腾雾",灵变活泼;用不好则反而欲巧实拙。那么,哪种情况适宜用倒叙呢?文章所反映的事件历时较长,情况又较复杂,头绪较纷繁,如《祝福》等。但对于时间跨度小、情节单纯的事件也勉强用倒叙、插叙的方式,不但收不到"先声夺人"的艺术效果,反而会以"形式"妨害"内容"。

误区三:不恰当地运用倒叙、插叙,造成文章思路混乱,内容缺乏条理

两种叙述方式转换时缺少必要的过渡,或过渡性文字太长等都会影响文章的思路,甚至使原本完整的材料显得支离破碎,散乱不堪。

名作赏析

天空寂寥，黄叶飘落，"我"捧着一束雪莲花，走进覆盖着碎石、枯草的荒原，走向一个小土丘——女兵墓。这是怎样的一位女兵？在她身上发生了怎样的故事？王宗仁为我们深情道来——

女兵墓

王宗仁

①深秋的黄叶，在寂寥的天空凄凄飘落。雪后的清晨，我捧着一束雪莲花，走进这覆盖着碎石、枯草的荒原，走向一个小土丘……

②这里，安睡着一位我尊敬的女性，一个长眠在世界屋脊上的女兵。

③你还记得我吗？在你离开这个世界的时候，是我抱着你啊！

④那时，我是一个入伍不到一年的汽车兵。你呢，是一个普普通通的卫生员，头顶上有一颗闪亮的五角星，军装外系着一条棕色的宽皮带，左肩斜背着一个红十字药箱。以前我并没见过你，那天我从兰州新兵营拉了一车进藏的战友，才看到你。你太忙了！车上三十五个新兵，每天你都要给他们量两三次血压，连我这个已经在青藏线上跑了三趟的"老兵"也不放过。同志们觉得自己牦牛似的身体用不着这样多事，你不依，板起脸很严肃地说："'牦牛'也不行！高山症对谁都不客气。"一车人全老实了。

⑤唐古拉山巅出奇地冷。我停车小憩，加油

"我"走向女兵墓。
1. 解释"寂寥"：

充满深情。

开始回忆女兵牺牲的情形。

神态、语言描写传神。

加水。你照例跑上跑下为战士们检查身体。冷风吹不干你脸上的热汗……

⑥就在这时——我终生都不会忘记的那一刻，不知从哪里飞来一颗流弹，车上的一个新兵应声倒下。

⑦路边的崖洞里伸出一支叉子枪……

⑧罪恶的枪口瞄准了我们这辆军车，那枪口离汽车不过几十米。流弹还在继续飞来……

⑨<u>你第一个发现了敌情，毫不犹豫地冲了上去！</u>

⑩剩下的三十四名新兵全都冲上去了！他们<u>手无寸铁</u>，硬是用三十四双拳头捣毁了敌人的老窝。当大家把你从叉子枪上抱起来时，你已经<u>奄奄一息</u>了……

⑪我开着车飞一样向拉萨驶去。我把浑身的劲都用在了右脚尖上，狠狠地踏着油门，恨不得让汽车轮子离开地面飞起来！

⑫可你的伤情毕竟太重了！汽车行驶到藏北高原时，我不得不停下来。我抱起了你，我不知道你的名字，车上没有一个人知道你的名字。我们只能拼命地呼唤着："同志！同志！"终于，奇迹出现了，你睁开了美丽的眼睛，长长的睫毛闪动了几下，望着我，望着周围的同志，笑了！我们也都笑了！但是很快你又闭上了双眼，再也没有睁开！

⑬我把你紧紧地抱着，我恨自己作为一个司机，没能把你送到那起死回生的地方，我巴不得让自己跳动的心律传导到你身上，让自己的体温把你暖热，让自己的呼吸将你唤醒。

⑭可是，一切都是枉然！你还是远去了，什么都没有留下，没有姓名，没有籍贯，没有遗嘱！

2.如何理解"冷风吹不干你脸上的热汗……"？

意外发生。

3.画线句体现了女兵怎样的性格特征？

4.解释"手无寸铁"：

5.解释"奄奄一息"：

动作、心理描写形象。

6.身负重伤的女兵死前"笑了"，我们也"笑了"。请分析两个"笑"的含义。

| 何等崇高！"我"的崇敬、赞颂之情溢于言表。
| 无名英雄！

⑮我拿出随车带的十字镐，同志们轮流掘土，给你在草滩上找了个安身之地。女战友，你睡得多么安详：躺在草原露营，枕着寒风长眠，盖着六月雪被，伴着无名小溪。我知道，只有躺在这块你为之付出青春、热血和生命的土地上，你才能心安理得地闭上双眼。

⑯时隔一月，我完成了任务，返回藏北高原。我特地将车停在路边，步行去看望你。你的坟包还是那么一堆普普通通的黄土。不同的是，坟前立了一块无字碑。一瞬间，我的感情像海潮一样澎湃起来。我知道，因为你是一位无名的兵，人们只能给你立块无字的碑。

抒情、议论，表达"我"对女兵的怀念与崇敬。

⑰我给你的坟上盖了一把新土，又深深地给你鞠了个躬，和你告别……

⑱几十年来，在我心中，你始终像用胸膛堵住敌人枪口的黄继光一样光荣、伟大。

⑲好战友，现在我又回到了你的身边，让我欣慰的是：你，被更多的人记住了！你的坟变大了，而且用洁白的灰浆墁了顶，墓前一棵青松长得有两层楼高了。松树下，依旧立着那块无字碑。

⑳我深深地向你鞠了一躬，久久地伫立在你的身旁……

——选自《王宗仁散文集》

1.阅读文章，概括内容。

时间线索	深秋的一个清晨	几十年前	现在
所记事情	寻找（走向）女兵墓	②	祭拜女兵墓
作者情感	①	遗憾	③

2.请结合文章内容回答，第⑮段画线句子表达了作者对女兵怎样的思想感情？

3.提到女兵，全文用的都是"你"。结合文章回答，如果把生前的女兵换成"她"，比如把最后一段改成"我深深地向女兵墓鞠了一躬，久久地伫立在女兵墓旁……"

这样改好不好，为什么？

本文有诸多值得学习之处：

1. 本文使用了倒叙的手法，先写深秋的一个清晨，"我"走向女兵墓；接着回忆女兵的故事；最后又回到现在，祭拜女兵墓。从顺叙转入倒叙，再由倒叙回到顺叙，而倒叙部分又顺叙，过渡自然，条理清楚。

2. 感情真挚。全文字里行间流露着真情：走向女兵墓时的尊敬、诚挚，回忆女兵故事时的赞颂、遗憾，祭拜女兵墓时的崇敬、欣慰。有很强的感染力，引起读者共鸣。

3. 语言颇具抒情性。在叙述的同时，适当的抒情可增强感染力。如第⑮段，"女战友，你睡得多么安详：躺在草原露营，枕着寒风长眠，盖着六月雪被，伴着无名小溪。我知道，只有躺在这块你为之付出青春、热血和生命的土地上，你才能心安理得地闭上双眼。""我"的崇敬、赞颂之情溢于言表。

4. 文章使用了第二人称，更有利于情感的表达。用"你"的称呼，像和战友倾心交谈，亲切而自然；女兵平凡却伟大，柔弱却坚强，对工作兢兢业业，为保护男战友挺身而出，无怨无悔地献出生命，虽死犹生，永远活在"我"的心中。

新年都未有芳华，二月初惊见草芽

跟贾平凹学写欲扬先抑的记叙文

导师简介

贾平凹，1952年生于陕西省商洛市丹凤县棣花镇，当代作家。1974年开始发表作品，1975年毕业于西北大学中文系。1978年凭借《满月儿》获得首届全国优秀短篇小说奖；1982年发表作品《鬼城》《二月杏》；1992年创刊《美文》；1993年创作《废都》；2008年凭借《秦腔》获得第七届茅盾文学奖；2011年凭借《古炉》获得施耐庵文学奖。先后担任西安建筑科技大学人文学院院长、文学院院长。

写作指导

欲扬先抑

欲扬先抑，是一种人、物描写技巧。欲扬先抑的"扬"，是指褒扬、抬高。"抑"，指按下、贬低。作者想褒扬某个人、物，却不从褒扬处落笔，而先是按下，从相反的贬抑处落笔。用这种方法，使情节多变，形成波澜起伏，造成鲜明对比，容易使读者在阅读过程中产生恍然大悟的感觉，留下比较深刻的印象。

"扬"和"抑"，在艺术上都是一种强调手段。古人做文章强调"蓄势"，讲的也是欲扬先抑、先抑后扬的道理。《战国策》中有一段"冯谖客孟尝君"的故事，文章的开头写冯谖既无爱好，又无能耐，还爱闹待遇、发牢骚，简直是成事不足，败事有余，作者把他贬抑到最低处。然后却笔锋一转，写他如何为孟尝君经营"三窟"，写出了他非凡的才能。开头的"抑"是为了衬托后面的"扬"。

贾平凹《相思》一文表现了地质工作者对家人深沉细腻的思念之情以及长年离别亲人，不畏艰苦，投身工作的崇高品质，抒发了作者由衷的赞颂之情。文章先描写"你"的外貌："你是个粗糙的人，那额角，那鼻头，那方方的下巴颏子……除了两个眼镜片子，你身上还有闪亮的物件吗？头发总是乱的，胡子被剪刀铰得七长八短……"给人粗糙、邋遢的印象，这是"抑"。但正是这样一个粗糙、邋遢人，却有如此细腻深沉的表现："这黄蛉盒子你不装在贴身的衬衣兜里，你担心体温会热坏它，你又不肯装在大衣的外兜，害怕风寒冻坏，你花费了三个钟头，拙手拙脚地在大衣内侧大针脚缝一个小口袋。夜里，一盏孤灯伴着你，你画着图纸，鉴定着矿石，你常常把吃饭忘掉了，当炊事员送来晚饭，你总是疑惑地说：'我还没吃饭吗？'但你忘不了给黄蛉喂食，它只吃苹果，每次只削切豆粒大一点放在里边，这苹果却同你的仪器、书籍一样重要，你是专意让人从内地带买来的。""你要睡下了，你便要将黄蛉盒子轻轻放在枕头底下，并不是枕头底下，你怕枕头的重量压了它。往被窝里放，又怕被窝热气烫了它。你用枕巾盖住，放在你的脖子下。这是你最惬意的时候，万籁俱寂，你，听见了黄蛉的叫声，那是世界上最微弱的声音，也是最清脆的音乐，是金石之响，是心律之韵。你于是就入了梦里。"……这是"扬"。

又如《一只贝》，文章赞颂了一只虽然没有漂亮的外表，但是为了生成珍珠，牺牲了自己；虽然一直忍受着巨大的痛苦，但它总是默默无闻，毫无怨言的贝。"这只贝没有被孩子捡起。它不漂亮，它在海里的时候，就是一只丑陋的贝"，"它的壳上越来越没有了颜色，没有了图案，它失去了做贝的荣誉"，"它被埋在沙里。海水又涨潮了；潮又退了；它还在沙滩上，壳已经破烂，很不完全了"，这是"抑"。但这样的一只丑陋的贝，孕育出了美丽的、"稀罕的大珍珠"，是一只"可敬的贝"，这是"扬"。

作者在构思与写作过程中运用这种方法，要注意抑扬前后应具有对照性，而且大多是采用相反对立的形式构成对照。另外，对于抑扬两者，不可等量齐观，而是应该重在后扬。抑，起的是衬垫作用。

常见失误

失误一：抑扬之间没有相反相对的关系

抑扬是相反相对的，抑在先，扬在后，如果文章前后内容不构成这种关系，就不能称之为欲扬先抑。

失误二：抑的内容成为主要的，扬的内容成为次要的

名作赏析

这是一篇托物寄意、抒写作者对生活哲理体验的散文。作者通过对一块"丑石"的描述，从人们对"丑石"认识的变化（欲扬先抑），生发出许多感慨，并由此推想到社会上的此类现象，揭示出一个深刻的道理：认识事物不可限于表面，而应该透过现象看本质。

丑 石

贾平凹

1. 注音：黑黝黝（　　　）

一言丑石无用。

　　我常常遗憾我家门前的那块丑石呢：它<u>黑黝黝</u>地卧在那里，牛似的模样；谁也不知道是什么时候留在这里的，谁也不去理会它。只是麦收时节，门前摊了麦子，奶奶总是要说：这块丑石，多碍地面哟，多时把它搬走吧。

二言丑石无用。

　　于是，伯父家盖房，想以它垒山墙，但苦于它极不规则，没棱角儿，也没平面儿；用錾破开吧，又懒得花那么大气力，因为河滩并不甚远，随便去捡一块回来，哪一块也比它强。房盖起来，压铺台阶，伯父也没有看上它。有一年，来了一个石匠，为我家洗一台石磨，奶奶又说：用这块丑石吧，省得从远处搬动。石匠看了看，摇着头，嫌它石质太细，也不采用。

<u>它不像汉白玉那样的细腻，可以凿下刻字雕花，也不像大青石那样的光滑，可以供来浣纱捶布；它静静地卧在那里，院边的槐荫没有庇覆它，花儿也不再在它身边生长。</u>荒草便繁衍出来，枝蔓上下，慢慢地，竟锈上了绿苔、黑斑。我们这些做孩子的，也讨厌起它来，曾合伙要搬走它，但力气又不足；虽时时咒骂它，嫌弃它，也无可奈何，只好任它留在那里去了。

稍稍能安慰我们的，是在那石上有一个不大不小的坑凹儿，雨天就盛满了水。常常雨过三天了，地上已经干燥，那石凹里水儿还有，鸡儿便去那里渴饮。每每到了十五的夜晚，我们盼着满月出来，就爬到其上，翘望天边；奶奶总是要骂的，害怕我们摔下来。果然那一次就摔了下来，磕破了我的膝盖呢。

人都骂它是丑石，它真是丑得不能再丑的丑石了。

终有一日，村子里来了一个天文学家。他在我家门前路过，突然发现了这块石头，眼光立即就拉直了。他再没有走去，就住了下来；以后又来了好些人，说这是一块陨石，从天上落下来已经有二三百年了，是一件了不起的东西。不久便来了车，<u>小心翼翼</u>地将它运走了。

这使我们都很惊奇！这又怪又丑的石头，原来是天上的呢！它补过天，在天上发过热，闪过光，我们的先祖或许仰望过它，它给了他们光明，向往，憧憬；而它落下来了，在污土里，荒草里，

三言丑石无用。

2.注音：细腻（　　　）

3.体会整句的效果。

总说其"奇丑无比"，做足铺垫。

4."眼光立即就拉直了"如何理解？

解释"小心翼翼"：
5."小心翼翼"修饰"运"，用得好，为什么？

丑石原来来路不凡！

一躺就是几百年了?

奶奶说:"真看不出!它那么不一般,却怎么连墙也垒不成,台阶也垒不成呢?"

"它是太丑了。"天文学家说。

"真的,是太丑了。"

天文学家一语道破:丑石以丑为美。

"可这正是它的美,"天文学家说,"它是以丑为美的。"

"以丑为美?"

解释其"丑",一语中的。

"是的,丑到极处,便是美到极处。正因为它不是一般的顽石,当然不能去做墙,做台阶,不能去雕刻,捶布。它不是做这些玩意儿的,所以常常就遭到一般世俗的讥讽。"

奶奶脸红了,我也脸红了。

6."伟大"在文中指的是什么?
作者自我解剖,反省自己的可耻,赞叹丑石的伟大,可谓卒章显志。

我感到自己的可耻,也感到了丑石的伟大;我甚至怨恨它这么多年竟会默默地忍受着这一切?而我又立即深深地感到它那种不屈于误解、寂寞的生存的伟大。

——选自《贾平凹散文选》

1. 结合原文(1—5自然段)概括作者从哪些方面描写了丑石之"丑"?

2. 结合原文解释下列句子的含义。

(1)丑到极处便是美到极处。

(2)我感到自己的可耻,也感到了丑石的伟大;我甚至怨恨它这么多年竟会默默地忍受着这一切?而我又深深地感到它那种不屈于误解、寂寞的生存的伟大。

3. 请结合阅读,谈一谈文章的中心到底是什么?是写石头的"丑"还是"美"?其中蕴涵的人生哲理是什么?

我们可以从以下几方面赏析借鉴本文:

作者运用了欲扬先抑的手法。文章的主旨是要揭示丑石内在的美,赞扬它"不屈于误解、寂寞的生存的伟大"精神,进而表达自己的人生思考与追求。而文章前半部分叙述的是丑石的丑陋和无用,它遭到了人们的白眼和咒骂。村民们没有一个人喜欢它,嫌它丑而无用,既不能用来垒墙,也不能用来铺台阶、洗石磨;

孩子们也因为它身上的绿苔、黑斑而渐生厌恶之情，想合伙搬走它。文章的后半部分才开始交代丑石不同寻常的来历："它补过天，在天上发过热，闪过光"。通过天文学家的解释，作者继而领悟了丑石的精神。欲扬先抑手法的使用，使丑石的精神更加突出，文章的主旨更加鲜明、深刻。

立意深刻。文章从一块石头的遭遇中挖掘出"以丑为美""丑到极处，便是美到极处""不屈于误解、寂寞的生存的伟大"精神等深刻内容，可谓言近旨远，给人深刻的启迪。

语言直白、朴实，没有任何华丽的辞藻，平平淡淡地将一块石头的遭际娓娓道来。

亭台楼阁得其妙，倚仗工者巧心思

跟梁衡学写结构严谨的记叙文

导师简介

梁衡，著名学者、新闻理论家、作家。山西霍州人，1946年生，1968年毕业于中国人民大学。历任《内蒙古日报》记者、《光明日报》记者、新闻出版总署副署长等。曾荣获全国青年文学奖、赵树理文学奖、全国优秀科普作品奖和中宣部"五个一"工程奖等多种荣誉称号。他的主要作品有科学史章回小说《数理化通俗演义》，新闻三部曲（《没有新闻的角落》、《新闻绿叶的脉络》、《新闻原理的思考》），散文集《夏感与秋思》、《红色经典》、《名山大川感思录》等。

写作指导

结构严谨，就是构成文章的局部应该结合成一个完美统一的整体，可以从三个方面理解：一是完整性。有头有尾，各种要素齐备。记叙文叙事要有事件的开端、发展、高潮、结局。二是条理性。文章要有清晰畅达的思路，合理地划分为若干段落层次。三是严密性。行文之中前有交代，后有照应，布局周密，上下连贯，主次分明，段落在参差中保持均衡。

怎样做到结构严谨呢？研读范文，体味文章结构之三昧，并通过模仿，训练自己的思路，形成自己的结构特色。力求达到思路清晰，层次合理，呼应严密，段落完整，过渡自然，全篇浑然一体。

可以尝试以下做法：

一、选用适当的记叙顺序

写作文时,我们常遇到的问题之一就是"先写什么,后写什么",即顺序的问题。笼统地说,文章的顺序主要有时间顺序、空间顺序和逻辑顺序三种。叙述顺序,常用的主要有四种:顺叙、倒叙、插叙和平叙。从中心思想的表达、人物形象的塑造等方面考虑叙述的顺序。

二、概括内容,列小标题

比如冰心的《童年杂忆》,全文第1、2段引出对童年往事的回忆,后面的内容以"读书""父亲的'野'孩子""烟台是我们的!"三个小标题领起,层次分明,条理清晰。

三、设置线索,反复强调

线索,指把人物活动贯穿起来完成情节发展的事物或事件,有时也可是贯穿全文的对某种事物的情感态度。一般叙事的线索有事情发展顺序、时间、地点变换、具体的事物、中心事件等。线索是在文章中起连贯作用的,如果有了好的材料,再加上有使之连贯的线索,那么文章就成为一串美丽的珍珠。写作文时,抓住了线索,就容易做到围绕中心组织材料,使文章中心明确、条理井然,显得内容集中,脉络清晰。

梁衡《追寻那遥远的美丽》,全文以"追寻"为线索,追寻既是作者对人物命运的探寻过程,也是人物(王洛宾)追求艺术的人生过程;而文中所写的无论是自然美,还是艺术美、人性美,都照应了题目中的"美丽",表达了作者对热爱音乐、成就巨大、历经坎坷却仍坚毅执着,为了音乐不屑世俗的音乐奇才王洛宾的赞颂以及对美的热切向往。

如史铁生的《老海棠树》,以老海棠树为线索,贯穿全文,老海棠树在我的记忆里与奶奶的形象分不开,含蓄形象地表现了我和奶奶之间浓浓的祖孙情。

四、通体透光,中通外直

即在行文时重视文章思维层次的排列和展现,多用短句,多设置自然段,层次清晰,结构条理,一目了然,透彻见底。主旨句或关键句应放在文章"开头""中间""结尾"三个地方,三处句子应单独设行,以形成脉络清晰如骏马游龙之势,增加视觉冲击力。

五、过渡和照应

过渡是文章情节之间的桥梁,在文章中,故事的发展要有内在联系,而且在相连的地方要彼此衔接，情节贯通，让读者思路能够顺利地从前者过渡到后者，而不致发生间隙或阻隔。可以波澜起伏，但一定要合理衔接。可以设置悬念，但一定要交代清楚。

照应是说写文章要瞻前顾后，前后映衬，首尾呼应。

如梁衡《年感》一文，作者从实到虚，由事及理，先回忆"年"给自己留下印记的故事，然后阐述自己对"年"的理性思考，思路清晰，层次井然。开头："钟声一响，已进不惑之年；爆竹声中，青春已成昨天。不知是谁发明了'年'这个怪东西，它像一把刀，直把我们的生命，就这样寸寸地剁去。可是人们好像还欢迎这种切剁，还张灯结彩地相庆，还美酒盈杯地相贺。我却暗暗地诅咒：'你这个叫我无可奈何的家伙！'"结尾："这么想来，我真清楚了，真的不惑了。我不该诅咒那年，倒后悔自己的过去。人，假如三十或二十就能不惑呢？生命又该焕发出怎样的价值？"首尾呼应，结构严谨。

六、运用一定的手法与技巧

可采用一定的谋篇布局的手法与技巧，如对比、欲扬先抑（欲抑先扬）等。

常见失误

文章结构是思维水平和表达能力的具体表现，如同大厦的支柱和人体的经络，作文则要考查学生对作文内在经络和外在形式的构建能力。写作中可能出现的问题：

误区一：结构混乱，层次不清

叙事不讲条理，不分主次，信马由缰，随笔写去，造成结构的混乱。

误区二：结构残缺，段落不全

写记叙文，没有在一段中叙写一个相对完整的故事，或描写一个相对完整的场面，或有头无尾（或者没有合理的开头），没有将故事叙述完整就草草收场。

误区三：叙事时直来直去，文章显得平板、干瘪，行文缺乏波澜

自古道："文似看山不喜平。"而这类作文往往因叙述方式单调而使行文缺少变化、平板呆滞，读这样的文章犹如行进在沙漠中，让人昏昏欲睡。追求曲折效应，如叙述方式上可用一点插叙或倒叙，情节设置上体现一点"落差"等。

名作赏析

沙枣，农田与沙漠交错地特有的树种。在作者的笔下，它能防沙，能抗暴，也能给人以美的享受：依水梳妆，绕檐护荫，接天蔽日，迎风送香。它是质朴、坚韧、顽强、奉献精神的象征。而对沙枣这样的认识，是经历了一定过程的。全文以作者对沙枣的认识（态度感情）为线索展开，层次分明，条理清晰。

沙　枣

梁衡

　　沙枣是农田与沙漠交错地带特有的树种，研究黄河沙地和周边的生态不能不研究沙枣。

　　记得我刚从北京来到河套时就对沙枣这种树感到奇怪。1968年冬我大学毕业后分到内蒙古临河县，头一年在大队劳动锻炼。我们住的房子旁是一条公路，路边长着两排很密的灌木丛，也不知道叫什么名字。第二年春天，柳树开始透出了绿色，接着杨树也发出了新叶，但这两排灌木却没有一点表示。我想大概早已干死了，也不去管它。

　　后来不知不觉中这灌木丛发绿了，叶很小，灰绿色，较厚，有刺，并不显眼，我想大概就是这么一种树吧，也并不十分注意。只是在每天上井台担水时，注意别让它的刺钩着我的袖子。

　　6月初，我们劳动回来，天气很热，大家就在门前空场上吃饭，这时隐隐约约飘来一种花香。我一下就想起在香山脚下夹道的丁香，清香醉人。

介绍沙枣。

沙枣没有一点焕发生机的意思，一点都不引人注意。

沙枣开始生长了，但仍不十分引人注意。

1.解释加线词语"飘来"在句中的含义：

2. 作者"不解其因",不理解什么?

发现香味是由沙枣发出的,并开始注意它。

对沙枣的认识深化了。

3. 描写具体细致,突出沙枣怎样的特点?

叙述自己见识的沙枣的壮观。

但我知道这里是没有丁香树的。到晚上,月照窗纸,更是香浸草屋满地霜。当时很不解其因。

第二天傍晚我又去担水,照旧注意别让枣刺刮着胳膊,这才发现,原来香味是从这里发出的。真想不到这么不起眼的树丛能发出这么醉人的香味。从此,我开始注意沙枣。

认识的深化还是第二年春天。那是4月下旬,我参加了县里的一期党校学习班。党校院里有很大的一片沙枣林,房前屋后也都是沙枣树。学习直到6月9日才结束。这段时间正是沙枣发芽抽叶、开花吐香的时期,我仔细地观察了全过程。

沙枣的外表极不惹人注意,叶虽绿但不是葱绿,而是灰绿;花虽黄,但不是深黄、金黄,而是淡黄;个头很小,连一般梅花的一个花瓣大都没有。它的幼枝在冬天时为灰色,发干,春天灰绿,其粗干却无论冬夏都是古铜色。总之,色彩是极不鲜艳引人的,但是它却有极浓的香味。我一下想到鲁迅说过的,牛吃进去的是草,挤出来的是奶,它就这样悄悄地为人送着暗香。当时曾写了一首小词记录了自己的欣喜:干枝有刺/叶小花开迟/沙埋根,风打枝/却将暗香袭人急。

1972年秋天,我已调到报社,到杭锦后旗的太荣大队去采访,又一次见识了沙枣的壮观。

这个大队紧靠乌兰布和大沙漠,为了防止风沙的侵蚀,大队专门成立了一个林业队,造林固沙。十几年来,他们沿着沙漠的边缘造起了一条20多里长的沙枣林带,沙枣林带的后面又是柳、杨、榆等其他树的林带,再后才是果木和农田。我去时已是秋后,阴历十月了。沙枣已经开始落叶,只有那些没有被风刮落的果实还稀疏地缀在树上,有的鲜红鲜红,有的没有变过来,还是原来的青绿,形状也有滚圆的和椭圆的两种。我们摘着吃了一些，面而涩，倒也有它自己的味道，小孩子们是不会放过它的。当地人把它打下来当饲料喂猪。在这里，我才第一次感觉到了它的实用价值。

　　首先，长长的沙枣林带锁住了咆哮的黄沙。<u>你看那浩浩的沙海波峰起伏，但一到沙枣林前就止步不前了。沙浪先是凶猛地冲到树前，打在树干上，但是它立即被撞个粉碎，又被风卷回去几尺远，</u>这样，在树带下就形成了一个几尺宽的无沙通道，像有一个无形的磁场挡着，沙总是不能越过。而高大的沙枣树带着一种威慑力量巍然屹立在沙海边上，迎着风发出豪壮的呼叫。沙枣能防风治沙，这是它最大的用处。

　　沙枣还有顽强的生命力。无论怎样干旱，只要插下苗子，就会茁壮生长，虽不水嫩可爱，但顽强不死，直到长大；它的枝条上长着尖尖的刺，动物不能伤它，人也不能随便攀折它，正因为这点，沙枣林常被栽在房前屋后当墙围，或在地边护田；它的根扎在白色的盐碱土上，枝却那样红，叶却那样绿。因为有这些优点，它在严酷的环境里照样能茁壮地生长。

　　过去我以为沙枣是灌木。在这里我才发现沙枣是乔木，它可以长得很高大。<u>那沙海前的林带，就像巨人手挽手站成的队列，那古铜色的粗干多么像男人健康的臂膀。</u>我采访的林业队长是一个近60岁的老人，20多年来一直在栽树。花白的头发，脸上深而密的皱纹，古铜色的脸膛，粗大的双手，我一下就联想到，他像一株成年的沙枣，年年月月在这里和风沙作战，保护着千万顷的庄稼不受风沙之害。质朴、顽强、吃苦耐劳，这些可贵的品质就通过他那双满是老茧的手在育苗时注到沙枣秧里，通过他那双深沉的眼睛在期待中

4."它的实用价值"是什么？

5.赏析画线句。

6.本段从哪些方面写沙枣顽强的生命力？请用简洁的语言概括其中两个方面。

7.从修辞方法的角度对画线句的表达效果进行评析。

8.概括林业队长的特点。

注到沙枣那红色的树干上。

不是人像沙枣，是沙枣像人。

第二年的端午节，我到离沙地稍远一点的一个村子里采访。这个地方几乎家家房前屋后都是沙枣，就像成都平原上一丛竹林一户人家。过去我以为沙枣总是临沙傍碱而居，其叶总是小而灰，色调总是暗而旧。但在这里，沙枣依水而长，一片葱绿，最大的一片叶子居然有一指之长，是我过去看到的三倍之大。清风摇曳，碧光闪烁，居然也不亚于婀娜的杨柳，加上它特有的香味，使人心旷神怡。沙枣，原来也是很秀气的。它也能给人以美的享受，能上能下，能文能武，能防沙，能抗暴，也能依水梳妆，绕檐护荫，接天蔽日，迎风送香。多美的沙枣！

那年冬季，我移居到县城中学来住。这个校园其实就是一个沙枣园。一进校门，大道两旁便是一片密密的沙枣林。初夏时节，每天上下班，特别是晚饭后，黄昏时，或皓月初升的时候，那沁人的香味四处蒸起，八方袭来，飘飘漫漫，流溢不绝，让人陶醉。这时，我感到万物都融化在这清香中，充盈于宇宙间。

宋人咏梅有一名句"暗香浮动月黄昏"，其实，这句移来写沙枣何尝不可？这浮动着的暗香是整个初夏河套平原的标志。沙枣飘香过后，接着而来的就是八百里平原上仲夏的麦香，初秋的菜香，仲秋的玉米香和晚秋糖菜的甜香。

沙枣花香，香飘四季，40多年了还一直飘在我的心里。

——选自《光明日报》2016年4月15日

9. 解释加线词语"心旷神怡"在句中的含义：

10. 沙枣美在什么地方？

"暗香浮动月黄昏"意思是清幽淡雅的梅香浮动在黄昏的月色下。

1. 文章在描写沙枣时，多次写到沙枣的花香，请你简要说明作者对沙枣花香的认识过程。

2. 如何理解"这浮动着的暗香是整个初夏河套平原的标志"？

3. 如何理解结尾句"沙枣花香，香飘四季，40多年了还一直飘在我的心里"的含义？

4. 沙枣花香长留在作者心里，生活中也会有一种植物触动过你的心，请用生动的语言描述出来。

本文值得借鉴的方面有：

1. 结构严谨。全文以作者对沙枣的态度变化（不在意—关注—喜欢—赞美）为线索，展现沙枣的特点，表现"我"对沙枣的认识，对沙枣的赞颂。

2. 立意深刻。文章的主题没有停留在对沙枣本身的赞美层面，而是深入挖掘了沙枣质朴、坚韧、顽强、奉献的精神。

3. 运用修辞。在描写沙枣时运用了比喻、拟人等修辞手法，突出沙枣的特点，表现自己的情感。如"那沙海前的林带，就像巨人手挽手站成的队列，那古铜色的粗干多么像男人健康的臂膀。"运用比喻修辞，生动形象地写出了沙枣高大粗壮，林带密不透风、坚不可摧的特点，突出了沙枣林防风固沙的作用；"而高大的沙枣树带着一种威慑力量巍然屹立在沙海边上，迎着风发出豪壮的呼叫"，运用拟人手法，表现了沙枣的壮观，突出了它防风治沙的作用，同时表现对沙枣的赞颂。

胸怀寰宇大世界,言近旨远意蕴深

跟莫言学写立意深刻的记叙文

导师简介

莫言,1955年生,原名管谟业,生于山东高密县,中国当代著名作家。山东大学文学与新闻传播学院兼职教授,香港浸会大学荣誉文学博士,青岛科技大学客座教授。其作品深受魔幻现实主义影响,代表作有《红高粱》《檀香刑》《丰乳肥臀》等,其中《蛙》获第八届茅盾文学奖。2012年10月,莫言获得诺贝尔文学奖,成为中国第一位获得诺贝尔文学奖的本土作家。颁奖词称莫言"用魔幻般的现实主义将民间故事、历史和现代融为一体"。

写作指导

"立意"就是提炼和确立文章的主题。"意犹帅也""文章以意为主",主题是文章的统帅,它是文章的灵魂,选材的依据,结构的轴心;就是语言的运用,也要受主题的约束。对于作文的评判,思想标准放在第一位,如没有正确主题或没有积极意义都不能算好文章。

立意要做到"三要":一是立意要准确。"准确"就是扣题准确,在立意时首先要做到合乎题意,对于有要求的作文,就必须紧扣作文的要求去写。二是立意要正确。"正确"即主题必须正确积极,有科学性。没有根据的片面性的东西不能作为立意根据。三是立意要明确。作文必须有一个明确而不含糊的立意,要反映什么问题,心中要有数,在作文时将其明确地贯穿于全文表达出来。

在合乎准确、正确、明确的前提下，要新颖深刻。

一、由表及里纵深挖掘

立意求深并非是写惊天动地的"大"题材。有大题材可写自然是好事，而我们所见之人、所遇之事，往往是"平凡"的居多，只要在深字上下功夫，对自己熟悉的生活材料多做由表及里的深入分析，挖掘出他们所蕴涵的价值意义，见微知著，以小见大，就能写出立意深刻的文章。这正像地下水，会挖井者能出清泉，不善挖者滴水不见。莫言《大风》叙述了爷爷和"我"一起去割草，遭遇大风，与大风搏斗的故事。风，再寻常不过了；在割草过程中遇到风，也不足为奇。但作者善于纵深挖掘，突出了爷爷坦然镇定、刚毅坚强的形象，而这一形象应该代表了农村千千万万的具有同样品质的农民群众，这样立意就显得深刻了。再如莫言的《丑兵》，文中的丑兵像"歪脖子榆树""干疤土豆"，好出风头，口齿又不清楚，可谓丑极。但丑兵会单独喂养生下来不会吃奶的小猪，在艰苦环境中还能创作小说，在战争一触即发国家需要之时抱着拼死的决心报名上战场，会在战场上舍身救战友……是丑兵为"我"上了一堂"人生课"。而事实上，也为每位读者上了一堂"人生课"，这正是深刻立意的感染力，这得利于作者深入挖掘的功夫。

二、变换角度着意求新

人们的思维能力尽管千差万别，但写文章都常常偏重于求同思维，对同一材料、同一问题的认识，大都趋于相同。这样写出来的文章千文一面，万人同腔，毫无新意。茅盾先生说："自家觉得写了出来大概仍是老调，还不如不写。"所以，实际写作中立意要求运用变向思维，选取最新最佳角度，提炼出独特新颖的见解。运用此法的思路是：先以文题或材料为中心，借用发散思维尽可能多地列出可供写作的众多立意子项；然后对这些子项进行分析筛选，排除别人文章用的子项；最后从剩下的子项里，选出独特的、最佳的、自己最擅长发挥的一项构思行文。面对作文题目"不会变的是　　　　　"，学生写的内容大都是家里或教室的那点事儿，要么是"父爱""母爱""师爱"，要么是"亲情""友情""父子情"等等，有个考生写的是"不会变的是我老实的性格"，让他的作文迅速脱颖而出，夺得高分。

三、顺应时代提炼精神

要使立意新颖深刻，最根本的就是要扣紧时代精神。古今中外的主题思想都能够反映当时的时代精神。鲁迅先生的作品被称为投枪匕首般的战斗檄文，把托尔斯泰的作品比作"俄国社会的一面镜子"。写文章扣住了时代脉搏，才能引起读者共鸣，这样我们的作文才会常写常新。如写以"花草树木"为话题的作文，学生大多数在写养花的经历或者描述一种花,就事论事,没有升华、深化。语文老师在课间带他们到操场看草。雨后的花坛,草长得特别茂盛,但被淋得东倒西歪;而种在格子式的人行道板里的草却长得整齐有序。老师让学生说说二者为什么会有这样的区别。学生说花格子把草保护起来了。老师说,花格子框死了草,限制了草的自由啊!不是吗?学生说不是。老师进而联系"自由与纪律"的知识引导他们,这样一来,学生很容易就悟出了"规矩对人生的作用"、"纪律对人的塑造"等主题,从而使"草"上升到了"人"、上升到了"社会"。

四、大胆想象虚构,甚至采用荒诞的手法

当然,这里的想象和虚构一定是与现实生活有紧密联系的。莫言的《奇遇》一文叙述了"我"在星夜回家途中的一次奇遇(遇到了已经去世的"赵家三大爷"并与之攀谈,还拿回了三大爷用来抵债的烟嘴袋),可谓荒诞。正是这样一个荒诞的故事,引人深思:人鬼之间,孰善孰恶,孰亲孰疏,并无定规。为人者,心怀鬼胎,其害甚于鬼;为鬼者,与人为善,人能与之共生死同命运。这样的构思,似乎更能表现出世世代代中国普通人的愿望与理想,似乎更能把握中国人特有的审美情趣,从而让更多的人悟出天地间尚存着一种真情与至性。如此,立意相当深刻。

常见失误

作文,必须表达作者对生活的见解、对人生的感悟、对社会的态度,也就离不开作者对文章立意的重视。

误区一:没有明确的立意,更谈不上立意的深刻

文章内容很多,但内容之间没有内在的联系,形散神也散。

误区二:认识肤浅,内容空洞,记叙平铺直叙,缺乏应有的韵味,过于直白

这都与对话题的认识不够深入有关。

误区三:追求单纯客观地"再现生活",认识不到生活的本质甚至歪曲了生活的真相

例如有学生盲目模仿别人,喜欢在作文里反映中学生谈恋爱的现象,甚至以自己为主人公写谈恋爱的过程及感受,至于中学生应不应该谈恋爱则一笔不说,这就没能表达出在这个问题上的正确观点和态度,只能视为作者是抱着欣赏或赞同态度的。

误区四：认识偏激

有些学生由于思想认识有缺陷或情感不健康，不能从正确的角度看到事物的本质，造成对事物的认识片面化；不能把握文章的感情基调，造成"跑调"。

名作赏析

这篇文章撇开了一般描写母亲与母子亲情的传统模式，以宏大的视野，在平实的叙述中，层层铺叙母亲作为生命之载体与精神之源，在苦难日子里给"我"的希望、勇气与信念，这里的母亲，不仅是赋予"我"生命的载体，亦是人类之所以存在的生命的本体，对于母亲的讴歌与尊重，亦是对于生命本身的讴歌与尊重。这种对于人类生命本体的关注，使这篇叙事散文有一种阔大的视野和别样的韵味。

母 亲

莫言

①我出生于山东省高密县一个偏僻落后的乡村。5岁时，正是中国历史上一个艰难的岁月。生活留给我最初的记忆是母亲坐在一棵白花盛开的梨树下，用一根紫红色的洗衣棒槌，在一块白色的石头上，捶打野菜的情景。绿色的汁液流到地上，溅到母亲的胸前，空气中弥漫着野菜汁液苦涩的气味。那棒槌敲打野菜发出的声音，沉闷而潮湿，让我的心感到一阵阵地紧缩。

②这是一个有声音、有颜色、有气味的画面，是我人生记忆的起点，也是我文学道路的起点。我用耳朵、鼻子、眼睛、身体来把握生活，来感受事物。储存在我脑海里的记忆，都是这样的有

1. 作者是怎样描写母亲捶打野菜的场景的？为什么说这场景是他文学道路的起点？

2. 分析画横线句子的含义。

3. 解释：饥肠辘辘：
莫名其妙：

4. "有一段时间，村子里连续自杀了几个女人，我莫名其妙地感到了一种巨大的恐惧。"在文章结构和内容上有何作用？

5. 分析画横线句子的含义。

6. 试分析这一节中有关贝鲁特老太太一段文字的作用。

声音、有颜色、有气味、有形状的立体记忆。这种感受生活和记忆事物的方式，在某种程度上决定了我小说的面貌和特质。<u>这个记忆的画面中更让我难忘的是，愁容满面的母亲，在辛苦地劳作时，嘴里竟然哼唱着一支小曲！</u>

③母亲没读过书，不认识文字，她一生中遭受的苦难，真是难以尽述。战争、饥饿、疾病，在那样的苦难中，是什么样的力量支撑她活下来，是什么样的力量使她在<u>饥肠辘辘</u>、疾病缠身时还能歌唱？有一段时间，村子里连续自杀了几个女人，我<u>莫名其妙</u>地感到了一种巨大的恐惧。那是我们家最艰难的时刻，我总担心母亲走上绝路。每当我下工归来，一进门就要大声喊叫，只有听到母亲的回答，心中才感到一块石头落了地。有次下工回来，母亲没有回答我的呼喊。我感到最可怕的事情发生了，不由地大声哭起来。这时，母亲从外边走了进来。她对我非常不满，她认为一个人尤其是男人不应该随便哭泣。她追问我为什么哭。我不敢对她说出我的担忧。<u>母亲理解了我的意思，她对我说：孩子，放心吧，阎王爷不叫，我是不会去的！</u>

④母亲的话虽然腔调不高，但使我陡然获得了一种安全感和对于未来的希望。这是一个母亲对她忧心忡忡的儿子做出的庄严承诺。活下去，无论多么艰难也要活下去！现在，尽管母亲已被阎王爷叫去了，但她面对苦难挣扎着活下去的勇气，将永远伴随着我，激励着我。

⑤我曾从电视上看到过一个终生难忘的画面：以色列重炮轰击贝鲁特后，滚滚的硝烟尚未散去，一个面容憔悴、身上沾满泥土的老太太便从屋子里搬出一个小箱子，箱子里盛着几根碧绿的黄瓜和几根碧绿的芹菜。她站在路边叫卖蔬菜。当记

者把摄像机对准她时，她高高地举起拳头，嗓音嘶哑但异常坚定地说：我们世世代代生活在这块土地上，即使吃这里的沙土，我们也能活下去！

⑥老太太的话让我惊心动魄，女人、母亲、土地、生命，这些伟大的概念在我脑海中翻腾着。这种即使吃着沙土也要活下去的信念，正是人类历尽劫难而生生不息的根本保证。这种对生命的珍惜和尊重，也正是文学的灵魂。

> "这种对生命的珍惜和尊重，也正是文学的灵魂"这句话告诉我们：面对苦难也要活下去的勇气和信念是对生命的珍惜和尊重，这种对生命的珍惜和尊重也是文学保持生命力的根本。

⑦在那些饥饿的岁月里，我看到了许多因饥饿而丧失人格尊严的情景，譬如为了得到一块豆饼，村里粮食保管员让一群孩子学狗叫。学得像，他便把那块豆饼远远掷了出去，孩子们蜂拥而上抢夺那块豆饼。我也曾是那些学狗叫中的一个。回家后，父亲和爷爷严厉地批评了我。爷爷对我说：嘴巴就是一个过道，何必为了一块豆饼而学狗叫呢？人应该有骨气！他们的话，当时并不能说服我，但我感到了话里的一种尊严，这是人的尊严。人，不能像狗一样活着。

⑧我的母亲教育我，人要忍受苦难，不屈不挠地活下去；我的父亲和爷爷又教育我人要有尊严地活着。他们的教育，使我获得了一种面临重大事件时做出判断的价值标准。

⑨饥饿的岁月使我体验和洞察了人性的复杂和单纯，认识到了<u>人性的最低标准</u>，<u>看透了人的本质的某些方面</u>。多年后，当我拿起笔来写作的时候，这些体验，就成了我的宝贵资源。我的小说里之所以有那么多严酷的现实描写和对人性的黑暗毫不留情的剖析，是与过去的生活经验密不可分的。当然，在揭示社会黑暗和剖析人性残忍时，我也没有忘记人性中高贵的有尊严的一面，因为我的父母、祖父母和许多像他们一样的人，为我树立了光辉的榜样。这些普通人身上的宝贵

7. 请解释画线词语在文中的含义：
人性最低的标准。

看透了人的本质的某些方面。

049

品质,是一个民族能够在苦难中不堕落的根本保障,也正是文学的灵魂。

——选自《人民日报》2008年1月14日

1. 母亲对"我"的文学创作有着怎样的影响?请联系全文回答。

2. "女人、母亲、土地、生命",这些伟大的概念,为什么会在作者的脑海中翻腾?阅读全文,请探究作者这么说的多种原因。

3. 作者在文中说:"女人、母亲、土地、生命,这些伟大的概念在我脑海中翻腾着,使我感到了一种不可消灭的精神力量。"你有过这样的感受吗?请结合文章,联系生活,从"母亲"和"生命"两个概念中任选一个简要说说你的认识。

4. 本文题目为"母亲",但文中又用了不少文字写了父亲和爷爷,请结合全文探究作者这样安排的原因。

本文综合运用了记叙、描写、抒情、议论等表达方式,语言简洁而意蕴丰富,平淡中见警策,平凡中显深沉,令人回味无穷。

立意深刻。文本集中体现了莫言对于生命本源的珍惜与尊重。文本没有局限于传统题材所抒发的对母亲及母爱的赞颂,而是从传统类的叙写母亲及母子亲情之外拓开一笔,通过回忆母亲在苦难日子里顽强生活的勇气与信念及对"我"的启悟与激励,表现了母亲的坚韧、勤劳、朴实与伟大,字里行间流露出对母亲的由衷尊敬与感恩,作者把这种对生命载体——母亲的由衷尊敬与感恩,上升为他对生命本体的终极崇拜、珍惜、尊重与热爱,充分显示了作者独特的母性意识与生命意识。这无疑是本文立意深刻的体现。

文笔简洁,风格恬淡。读文本,就像是在倾听莫言以高密人的朴实话语,娓娓地向我们讲述他的见闻经历,诉说他的生活感悟,感觉是那样的随和。而读后再细细一品味,就会感受到其中蕴涵着的艺术魅力。《母亲》一文,作者如话家常地叙写母亲在艰难岁月里的经历,刻画了一位坚强、乐观的母亲形象。

人物性格鲜明。文章以母亲捶打野菜的特写镜头开篇,苦涩的气味、沉闷潮湿的声音,渲染了一种沉重的氛围;作者还以盛开的梨花这一优美的背景,反衬这幅令人心酸的画面,为下文的叙述作好了充分的铺垫。接下来,作者用"劳作最辛苦""饥饿最严重"与"哼唱小曲"形成鲜明的对比,突出母亲的乐观。其中"愁容满面""哼唱小曲"这一对看似矛盾的词语,细腻地体现出母亲既为家人的生活忧愁,又不向命运低头的心理。作者在"偏僻落后""艰难的岁月"时代背景的基础上，写母亲一生中遭遇的战争、饥饿、疾病等难以尽述的苦难，我们可以想象作者母亲内心该有多么痛苦！在村中几个女人承受不了生活的压力而自杀的情况下，作者具体叙述了找不到母亲而痛哭的情形，表现出对母亲的关爱之情，更衬托出母亲的坚强。特定的背景，有助于刻画人物鲜明的性格，抒发作者真挚的情感。本文中具体背景的交代，使得母亲的坚强更加难能可贵。作者还接着以饱含深情的议论，表达出母亲的话语对自己的影响和激励。

开卷即刻疑窦生，兴高意满亟阅尽

跟纪广洋学写设置悬念的记叙文

导师简介

纪广洋，十岁学诗，迄今已出版中文和译文版图书10部，作品入编沪教版语文、牛津版中国语文、清华版GCT语文、北大版21世纪信息传播实验教材、人教版语文六年级下册教师教学用书等教科书。

写作指导

写人叙事类文章为使事件有波澜、人物形象更鲜明，往往会采用设置悬念的方法。设置悬念，实际上就是平时所说的"故弄玄虚"，特指把故事的内容（人物的活动、事件的经过）写得曲折起伏，能引发读者的好奇和关注，满怀浓厚兴趣随着你的"笔踪"去寻"玄"探"虚"。设置悬念的方法多种多样，这里简单地介绍五种：倒叙法、疑问法、误会法、巧合法、省略法。

一、倒叙法

利用倒叙法设置悬念，就是把故事的结局先写出来，给读者以强烈鲜明的印象，让人们带着悬念去阅读下文。

例如鲁迅的小说《祝福》，先写故事的结局——祥林嫂在一片祝福声中寂然死去，无人关心，无人过问。这就设置了悬念：祥林嫂的命运为什么如此悲惨？她是怎样一个人？她是怎样被一步步逼上绝路的？这些悬念，吸引着读者迫不及待地去了解事情的原委。于是下文叙述了她大半生的生活片段，深刻地揭露了封建礼教吃人的罪恶本质。

二、疑问法

在行文过程中，故意地设置一些疑问，以引起读者的深思，是设置悬念的好方法。

纪广洋《咬断自己的尾巴》一文开头说"我原先对老鼠的态度，像绝大多数人一样，是深恶痛绝的。我常常想，早已发明了核武器的人类怎么就消灭不了小小的老鼠呢？可是，今天下午，当我亲自设下圈套与一只在我家祸害多天的老鼠过招后，竟然改变了我对老鼠的看法。"这样开篇让读者心生疑问，引发浓厚的兴趣：究竟是怎样的一只老鼠，竟然可以改变"我"一直以来的看法？之后记叙了自己想尽办法，终于使老鼠上当了，但"它竟毫不犹豫地折身咬断了自己的尾巴，瞬间逃脱得无影无踪了"。由此，"我"陷入深思：一个人如果能像老鼠那样为了生存毅然决然地咬断自己的尾巴……那么，还会有什么样的牵绊和险阻能够阻碍我们的成功呢？

三、误会法

就是利用作品人物之间的猜疑或误解来激化矛盾，掀起波澜，不断推动情节的发展变化，最终释疑解扣。

例如《驿路梨花》，就是反复运用误会法来构思行文：第一次"我们""认为"瑶族老人是小茅屋的"主人"，是误会；第二次"我们"和瑶族老人认为哈尼小姑娘是"主人"梨花，又是误会。梨花已嫁到山那边去了。由于巧置误会，悬念层叠，使文章回环曲折，波澜起伏，引人入胜。

再如《三国演义》写刘备三顾茅庐请诸葛亮出山，不厌其烦地运用了误会法。在没有见到孔明之前，却先后将孔明的朋友崔州平、孟光威、石广元以及弟弟诸葛均、岳父黄承彦等误当作诸葛亮。这一次次的误会便构成了一个个悬念：这诸葛亮究竟是个什么人？故事波澜起伏，曲折跌宕，读来趣味横生。

四、巧合法

俗话说"无巧不成书"。生活中有许多巧合，正是这些巧合的事情，使生活充满了情趣。写记叙性的文章，就是要利用生活中的这些巧合，去构思故事，兴起波澜，取得引人入胜的艺术效果。

巴尔扎克在《人间喜剧》前言中说："偶然是世界上最伟大的小说家，要想文思不竭，只要研究偶然就行了。"的确，在编述故事的时候，巧合是一种黏合剂，它能把本来各不相关的人物联系起来，把互不相连的事件贯穿起来，从而使故事呈现为完整统一的艺术整体。巧合是一种过滤器，它能把时代生活中的杂质加以过滤，从而集中地反映生活中的矛盾冲突，快速地展开动人心弦的故事。巧合还是一种催化剂，它能在一连串的奇遇、误会等意外事件中，促使人物性格、情节产生突发性的转变，从而推动故事情节的发展，深化作品的主题。

纪广洋《眼前一亮》中设置了诸多巧合：情人节前，她打电话向他索要玫瑰；他突发奇想，订购盆栽玫瑰，准备让她眼前一亮，可是节日到，他却滞留异国他乡，没有亲自把玫瑰送上。他要回国，乘坐的航班却又坠落印度洋。她暗自垂泪时接到短信，得知他裸泅到孤岛上，借到水兵的手机向她问候。通过一系列巧合的设置，使文章波澜起伏，男女主人公之间的深情也淋漓尽致地表现出来。

再如欧·亨利的名作《麦琪的礼物》，写一对贫苦夫妻，丈夫有一只金表却没有相称的表链；妻子有一头美丽的长发，却没有相配的发梳来装饰。于是圣诞节之前，丈夫卖掉金表给妻子买了精美的发梳，而妻子卖掉长发给丈夫买了金表链。两人同时为对方考虑，各自干出了动人心魄的"壮举"，这样的巧合使得双方的愿望都落了空。作品以意料之外而又在情理之中的结局收尾，凸显了夫妻之间感情的诚笃、深挚，读来催人泪下。

五、省略法

叙述故事时，故意地省略一些内容，让读者一时难以琢磨，引起他们的种种猜疑和推想，也是设置悬念的方法之一。

例如《林教头风雪山神庙》中，小二夫妇见陆谦等人行为鬼祟，言谈诡秘，又提到"林冲"的名字，觉得事情蹊跷，顿起疑心；隔墙偷听却只听得只言片语和"高太尉"三字，其他都因听不清楚略而不写。这就形成悬念：他们是谁？要干什么？为什么言谈举止那样诡秘？是不是要加害林冲？读者读到这里也不免要为林冲的处境和命运担忧，从而产生了强烈的阅读欲望。

常见失误

失误一：写作中不结合文章内容的需要而滥用
失误二：不符合生活的真实，"闭门造文"，瞎编乱诌
悬念应该既出人意料，又合情合理。

名作赏析

阅读《让我流泪的香橡皮》，不禁有一种莫名的感动，我们会深深为作品巧妙的艺术构思和跌宕起伏的故事情节所折服。故事围绕一块香橡皮展开，从一个侧面告诉我们：宽以待人，彼此理解，彼此关爱，生活就是一种美，生活就是一种诗意的享受。

让我流泪的香橡皮

纪广洋

初二开学那天，按高矮个重新分座，我和同村的纪翠兰成了同桌。她是个漂亮且优秀的女生，但令人遗憾的是，学习成绩名列前茅的翠兰，家庭状况却最糟糕。在她刚出生不到一个月时，母亲忙于麦收被暴雨淋湿从此落下了病，常年药不离口；在她考上初中，入学的第三天，父亲去集上给她买自行车，回来的路上，刚买的自行车车闸失灵，父亲跌入深壕摔断了大胯和腿骨，一年后还离不开双拐。这样一折腾，她家的情况就可想而知了。看吧，在我们校园里，没有哪个女孩子比翠兰更清秀，也没有哪个女孩子比她穿戴得更寒酸。在学习上她也最节省、最俭朴，买个练习本总先用铅笔在正反面写，再用钢笔覆盖一遍，她甚至捡一些瓶塞等橡胶制品代替橡皮来用。

那天，我买了两块包装精美的香橡皮，准备送给翠兰一块。午休后，我乐呵呵地跑进教室，正好只有她一人在。我把那块橡皮放在她面前的

1. 解释"名列前茅"：

叙述纪翠兰的家庭状况，写她的节省、俭朴。

2. 翠兰家族状况很糟糕是通过学习方面的哪些事例来反映的？

书上，说："送给你的。"她抬头看了看我，犹犹豫豫地拿起橡皮，说："你干吗买这么贵的橡皮？我才不要呢。"我怕伤了她的自尊心，就说："既然买了，你就收下吧。我去买橡皮，看挺好的，就给你捎了一块。""这样说我就收下。"她下意识地摊平了手，"多少钱一块？""我就不能送给你一块小小的橡皮吗？"我一听她问价格，心里猛然涌起一种说不上来的滋味，提高了嗓门说，"咱俩同村、同姓、同族、同辈分，按生日我还得叫你姐姐哩，又没有别的意思，又不怕别人说闲话……""你不怕，我还怕呢！"她也提高了嗓门说，<u>"我知道我家穷，可我凭什么要你的东西！我用不着别人可怜我……"</u>

就在这时，几个同学说笑着走进教室，我不便再和她理论，就顺手拿起她的那本书盖在橡皮上面。她神情复杂地凝视我一阵，便趴在桌上不动了。

班主任宣布下午全体同学到操场上清除杂草。翠兰离开座位前，用书把那块橡皮推过了我与她的"三八线"。我装作没看见，与同学一起走出了教室。

就在操场上的杂草清除得差不多时，有同学发现翠兰的手上有血（她揪一种三棱草时划伤的），班主任就让她去清洗一下，提前回教室。十分钟后，我先同学一步回教室，看到她的手已止住血，就没再说什么。这时，翠兰忽然问我："记得那块橡皮吗？你没收起来，怎么不见了？"

我以为她改变了先前的主意，又乐意收下那块橡皮了，才和我这样幽默一下，就以一种无所谓的口吻说："不见就不见吧，不见就对了。""你这是啥意思？"翠兰表情忽然严肃起来，一副焦灼万分的模样，"那块橡皮真的不见了！"看她

"我"送给翠兰一块精美的香橡皮，害怕伤害她的自尊，但事与愿违。

3. 画线句表现了翠兰怎样的个性特征？

翠兰拒绝接受香橡皮。

香橡皮不见了。

语言、神态描写生动传神。

那认真相，我才意识到橡皮真的不见了。可我一时又找不出原因，就暂且找缘由安慰她说："或许哪个同学拿去看了……""哪个同学能拿去？所有的人都去操场了。况且是咱俩最后出去的，而我又是最先回来的……"翠兰说着说着竟有了哭腔，"今天是怎么啦？真是见了鬼了不成……"

这时，已有同学陆续走进教室。我说："明天再说吧。也许当时都忙着出去，忘了具体细节了。"翠兰不说话了，眼里却凝聚着浓重的疑云。

放学后，在回家的路上，我一遍遍寻思：这件奇怪的事还没有结束，明天翠兰还会提起。她的心够苦了，不能再让她遭受这不白之冤。思来想去，我急中生智……跑到商店再买一块同样的橡皮，就说我昨天顺手放到兜里了……

"我"考虑周到，为翠兰着想，到商店买了同样的橡皮。

第二天，我在去学校的路上追上翠兰，没等她发话，我就哈哈笑着从口袋里掏出两块一模一样的橡皮，装成自怨自艾的样子："哎呀，我真糊涂，回家一摸口袋，两块都在里面……""你胡说！"翠兰停下自行车，一边掏书包一边幽幽地说，"那块橡皮在我包里呢。是我不留神把它夹在书里的。回家一掏书，就掉在了地上……你说实话，是不是跑到商店里又买了一块？"我只好不打自招："昨天，我也弄不清橡皮是怎么不见的，怕你惦记，就……""别说了，"翠兰半嗔半怨地笑起来，"其实这事儿全怪我，我太执拗、太不近人情了，才惹出这样的误会。让你受委屈了，请你原谅。"

4. 解释"自怨自艾"：

那块橡皮真的在翠兰的包里吗？

我嘿嘿地笑了，笑着笑着眼睛就开始发涩、发热……而让我真正情不自禁地流下眼泪来，是在两天之后的物理课上。

那天上物理课，赵老师手里拿着一块精美的橡皮，径直朝我走来，嘴里还不停地嘟囔着："前

5. 解释"情不自禁"：

057

那块香橡皮原来是赵老师拿去做试验了!
真相大白!

6.画线句表现了"我"怎样的心理?

天你们在操场上劳动时,我从教室窗外经过,偶尔看到放在你课桌上的这块四四方方的新橡皮,就联想到我正为初一准备的浮力课,打算用它做个试验,看把它放在水中能浮出几分之几……没耽误你用吧?"

赵老师回到讲台上,目瞪口呆的我,也重重地坐下了。我想,我肯定是流泪了,不然,翠兰怎么一边夺我手里的橡皮一边这样说——"两块橡皮我都要、四块橡皮我都要……别哭了,好吗?"说着说着,她竟也泪流满面。

——选自《儿童文学·选萃》2007年第5期

1.第1段为什么要写翠兰的家境贫寒?
2.概括翠兰的形象特征。

文本典型之处在于:

1.线索明确而清晰。全文以一块香橡皮为线索展开,结构完整,紧凑而集中。

2.设置悬念,引人入胜。故事围绕一块香橡皮展开。"我"因看到翠兰由于家庭的不幸连一块橡皮都没有,于是出于好意,便送她一块橡皮,却想不到引起了一场"风波"。自尊心极强的翠兰面对"我"的礼物,却拒而不收。可不巧的是橡皮却又莫名失踪,悬念顿生。翠兰和"我"为了抚平对方心中的坎儿,不约而同地都买了同一种橡皮回来,并且不惜用善意的谎言来"欺骗"对方,以求得对方心安理得。而真实的情况是那块香橡皮被老师拿去做试验了。

3.感情真挚。它写出了人世间伟大、纯洁的一种情感——彼此理解,彼此关爱的友情。这种纯真的友情犹如山间清风,夏日荷香,令人陶醉,令人回味,更令人有一种莫名的感动。

想象更无怀梦草，添衣还见翠云裘

跟余秋雨学写善于联想，想象巧妙的记叙文

导师简介

余秋雨，1946年生于浙江省余姚县，中国著名文化学者、理论家、文化史学家、散文家。1966年毕业于上海戏剧学院戏剧文学系。1980年陆续出版了《戏剧理论史稿》《中国戏剧文化史述》《戏剧审美心理学》。1985年成为中国大陆最年轻的文科教授；1986年被授予"上海十大学术精英"；1987年被授予"国家级突出贡献专家"荣誉称号。其作品有《文化苦旅》《山居笔记》《霜冷长河》等。

写作指导

写作讲究创造性思维，讲究创新，那么创新需要什么，从思维这一角度来讲，需要联想，需要想象。

什么是联想与想象？联想就是人们根据事物之间的某种联系，由一事物想到另一有关事物的心理过程。它是由此及彼的一种思维活动。想象是人们在原有感情形象的基础上，创造出新形象的心理过程。因此，只让学生了解抽象的概念，是远远不够的，具体怎么操作，如何引导学生在记叙文写作中进行联想和想象，正是本文所要探讨的问题。

要想学会联想与想象，就必须掌握联想与想象的方法。

一、善于想象的能力

想象，是指根据已有的见闻和生活经验，构想出不曾见过，或者从未出现过

的形象或情景。想象的方法很多，作文中常用的有：

1. 编创法。就是编制故事的情节。一般记叙文要求写真人真事，不需要编故事。如果写童话、小说、科幻故事或者写看图作文、想象作文等就得编故事了。编制故事情节在文艺创作上叫虚构，它不受真人真事的限制，不受时间、空间的约束。尤其是童话、科幻故事、想象作文，作者可上天入地、探奥搜奇；和草木交往，与鸟兽倾谈，可以历洪荒远古、访古人来者。真可谓无所不能有，无所不可有。但是，同学们应该明白，无论想象的内容多么奥妙神奇，都不能是无源之水，无本之木。这个"源"和"本"便是生活。

2. 组合法。把两个或两个以上的人或事拼凑在一起，形成新的人物形象，新的事情，可称组合法。正如鲁迅先生所说："所写的事迹，大抵有一点见过或听到过的缘由，但决不全用这事实，只是采取一端加以改造，或生发开去，到足以几乎完全发表我的意思为止。人物的模样儿也一样，没有专用过一个人，往往嘴在浙江，脸在北京，衣服在山西，是一个拼凑起来的角色。"

鲁迅讲的是文艺创作，对我们借想象写好作文同样有指导意义。这方法就是人们所说的"移花接木"。

3. 扩展法。所见所闻的内容是简单、抽象或粗糙、模糊的，借助想象充实，使其变得清晰、细腻、生动、形象，可称扩展法。扩展法的过程是：展开想象，让所要写的内容在脑海中清晰地浮现出来，接着，选词炼句，用最恰当的语言对"浮现出来"的具体形象进行细致的描绘。一般来说，文章中的细节描写大都借助于扩展想象。平时说的"添枝加叶"，就是扩展想象。添加"枝"和"叶"正是扩展的结果。

4. 梦幻法。借助梦境或幻觉描绘出眼前并不存在的情景，以表达某种愿望或抒发某种情感，可称梦幻法。例如余秋雨《阳关雪》："我在望不到边际的坟堆中茫然前行，心中浮现出艾略特的《荒原》。这里正是中华历史的荒原：如雨的马蹄，如雷的呐喊，如注的热血。中原慈母的白发，江南春闺的遥望，湖湘稚儿的夜哭。故乡柳荫下的诀别，将军圆睁的怒目，猎猎于朔风中的军旗。"如此一来，文章内容更加丰富，增强了文章的历史韵味和人文情感。

5. 虚实相生法。虚实本是中国画的技法，虚给人以想象的空间，让人回味无穷。实则可体现出笔画细致丰富。后被引入写作中，主要指一种意境表现法。这种技法运用得好，常常传达出淡远的神韵，可以使作品结构更为紧凑，形象更加鲜明。如在《千年庭院》中："我在岳麓书院漫步的时候，恍惚间能看到许多书院教育家飘逸的身影，而看得最清楚的则是朱熹，尽管他离开书院已有八百年。"

作者采用虚实相生的手法，在岳麓书院漫步为实，恍惚间看到书院教育家为虚，虚实结合，不仅体现出作者对在岳麓书院散步的无比惬意，更体现出岳麓书院丰厚的文化底蕴给他带来的影响，体现出作者对古代那些曾经在岳麓书院讲学的教育家无比崇拜之情。

二、善于联想的能力

1. 联想的定义

巴甫洛夫在《给青年们的一封信》中有一个比喻："不管鸟的翅膀多么完美，如果不凭借空气，它就无法飞上天空。"我们不妨套用一下："不管人的生活有多丰富，如果不凭借联想，它就无法使生活成为艺术作品。"

2. 联想的方式和类型

（1）相似联想

A. 同类事物间的联想

由三国时期随兄经商的董遇，利用"冬者岁之余，夜者日之余，阴雨者时之余"的"三余"时间读书终成学问家，联想到欧阳修利用"马上""枕上""厕上"的"三上"时间进行艺术构思，终成北宋诗文革新运动的领袖。这是同类事物间的联想。

B. 不同事物之间的联想

《庖丁解牛》中梁惠王听了庖丁的一席谈，悟出了养生之道。这"养生"与"解牛"本是风马牛不相及的，但梁惠王却明白了，这是不同事物之间因某一点相似而展开的联想。

（2）对比联想

由"失败乃成功之母"，想到"成功乃成功之母"，或"失败乃失败之母"，这叫做一正一反、鲜明对比式的联想。

（3）连锁联想

从已知的信息，联想到某一观点，然后由此及彼地联想下去，思维流向随之一层一层向纵深发展下去，是连锁联想。

（4）变形联想

从原信息点出发，合理地增加一些与它有关的信息材料，来诱发思维、拓展思维的联想是变形联想。

善于想象、联想，有助于解决作文的材料问题，还有助于提炼和深化主题，有助于运用托物言志、比喻论证、类比论证、借景抒情等构思和表达技巧。

常见失误

虽然联想、想象手法可以给文章增光添彩，但如果运用联想与想象的手法不成熟，反而会适得其反，成为文章的污点。所以运用联想、想象手法时要注意以下误区：

误区一：不符合事物特征

联想想象必须符合事物特征，如果与事物特征不符，则给人造成理解上的障碍。如"真诚犹如一颗渺小的尘土，它带领着我们漫游天际；真诚如同一道溪流，激情就是溪流中的鹅卵石"。上面第一句联想不当；第二分句联想成立，但比喻后的解释语与这个比喻不搭配。可以改为"真诚好像开满枝头的花朵，总是能结出友谊的果实；真诚好像一条清澈的小溪，心灵就是小溪的源头。"

误区二：不符合生活逻辑

联想、想象的内容要合乎事理、合乎逻辑，如"教室前方有一块黑板，不，那不是黑板，那是播种知识的沃土。农民的脚下泛着黄泥巴，不，那不是黄泥巴，那是农民播下的希望的种子。学生的面前堆着厚厚的一摞书，不，那不是一摞书，那是学生砌下的通向成功的阶梯。"由"黑板、泥巴、书"联想到"沃土、种子、阶梯"，符合人们的认知，抓住事物之间合理的联系，读者接受起来没有障碍。

名作赏析

这是一篇充满历史沧桑感的散文。作者写阳关不是一般的探幽访胜，不是单纯的咏物抒怀，而是借助阳关这一遗迹来折射中华民族在人类文明史上曾经作出的贡献，来追寻中国古代文人曾经经历过的生命体验。因此，作者笔下的阳关，已经超越了阳关本身的意义，进入人生、社会和历史等更加广阔的领域之中。

阳关雪

余秋雨

①我曾有缘,在黄昏的江船上仰望过白帝城,顶着浓冽的秋霜登临过黄鹤楼,还在一个冬夜摸到了寒山寺。我的周围,人头济济,差不多绝大多数人的心头,都回荡着那几首不必引述的诗。人们来寻景,更来寻诗。有时候,这种焦渴,简直就像对失落的故乡的寻找,对离散的亲人的查访。

②文人的魔力,竟能把偌大一个世界的生僻角落,变成人人心中的故乡。他们褪色的青衫里,究竟藏着什么法术呢?

③今天,我冲着王维的那首《渭城曲》,去寻阳关了。出发前曾在下榻的县城向老者打听,回答是:"路又远,也没什么好看的,倒是有一些文人辛辛苦苦找去。"老者抬头看天,又说:"这雪一时下不停,别去受这个苦了。"我向他鞠了一躬,转身钻进雪里。

④一走出小小的县城,便是沙漠。除了茫茫一片雪白,什么也没有,连一个皱褶也找不到。在别地赶路,总要每一段为自己找一个目标,盯着一棵树,赶过去,然后再盯着一块石头,赶过去。在这里,睁疼了眼也看不见一个目标,哪怕是一片枯叶,一个黑点。于是,只好抬起头来看天。从未见过这样完整的天,一点儿也没有被吞食,边沿全是挺展展的,紧扎扎地把大地罩了个严实。有这样的地,天才叫天。有这样的天,地才叫地。在这样的天地中独个儿行走,侏儒也变成了巨人。

阳关:中国古代陆路对外交通咽喉之地,是丝绸之路南路必经的关隘。位于甘肃省敦煌市西南的古董滩附近。西汉置关,因在玉门关之南,故名。和玉门关同为当时对西域交通的门户。

第一层:(1—2段)总起全文,作者来寻景、寻诗,渴求踏访诗境。

第二层:(3—7段):心存疑问,寻阳关,探古迹,写一路所见所感。

渭城曲
唐·王维
渭城朝雨浥轻尘,客舍青青柳色新。劝君更尽一杯酒,西出阳关无故人。

皱褶:原指衣物上折叠的纹路,此处指凹凸不平的地面。

在这样的天地中独个儿行走，巨人也变成了侏儒。

⑤天竟晴了，风也停了，阳光很好。天边渐渐飘出几缕烟迹，并不动，却在加深，疑惑半晌，才发现，那是刚刚化雪的山脊。地上的凹凸已成了一种令人惊骇的铺陈——那全是远年的坟堆，那么多，排列得又那么密，只可能有一种理解：这里是古战场。

⑥我在望不到边际的坟堆中茫然前行，心中浮现出艾略特的《荒原》。这里正是中华历史的荒原：<u>如雨的马蹄，如雷的呐喊，如注的热血。中原慈母的白发，江南春闺的遥望，湖湘稚儿的夜哭。故乡柳荫下的诀别，将军圆睁的怒目，猎猎于朔风中的军旗。随着一阵烟尘，又一阵烟尘，都飘散远去。我相信，死者临亡时都是面向朔北敌阵的；我相信，他们又很想在最后一刻回过头来，给熟悉的土地投注一个目光。</u>于是，他们扭曲地倒下了，化作沙堆一座。

⑦远处已有树影。急步赶去，树下有水流，沙地也有了高低坡斜。登上一个坡，猛一抬头，看见不远的山峰上有荒落的土墩一座，我凭直觉确信，这便是阳关了。转几个弯，再直上一道沙坡，爬到土墩底下，四处寻找，近旁正有一碑，上刻"阳关古址"四字。

⑧这是一个俯瞰四野的制高点。西北风浩荡万里，直扑面来，踉跄几步，方才站住。脚是站住了，却分明听到自己牙齿打战的声音。这儿的雪没有化，当然不会化。所谓古址，已经没有什么故迹，只有近处的<u>烽火台</u>还在，就是刚才看到的土墩。土墩已坍了大半，可以看见一层层泥沙，一层层苇草，苇草飘扬出来，在千年之后的寒风中抖动。眼下是西北的群山，都积着雪，层层叠叠，直伸天际。

《荒原》是现代英美诗歌的里程碑，是象征主义文学中最有代表性的作品，是托马斯·艾略特（1888—1965）的成名作和影响最深远的作品，表达了西方一代人精神上的幻灭，被认为是西方现代文学中具有划时代意义的作品。1948年因"革新现代诗，功绩卓著的先驱"，获文学类诺贝尔奖。

第三层：（8—13段）至阳关，联想到唐代诗人的豪迈和艺术家所处境遇，感慨万分。

烽火台：又称烽燧，俗称烽堠、烟墩、墩台。古时用于点燃烟火传递重要消息的高台，系古代重要军事防御设施，是为防止敌人入侵而建的，遇有敌情发生，则白天施烟，夜间点火，台台相连，传递消息。是最古老但行之有效的消息传递方式。

⑨王维实在是温厚到了极点。对于这么一个阳关，他的笔底仍然不露凌厉惊骇之色，而只是缠绵淡雅地写道："劝君更尽一杯酒，西出阳关无故人。"这杯酒，友人一定是毫不推却，一饮而尽的。

⑩这便是唐人风范。他们多半不会洒泪悲叹，<u>执袂</u>劝阻。他们的目光放得很远，他们的人生道路铺展得很广。告别是经常的，步履是放达的。这种风范，在李白、高适、岑参那里，焕发得越加豪迈。在南北各地的古代造像中，唐人造像一看便可识认，形体那么健美，目光那么平静，神采那么自信。而唐代，却没有把它的属于艺术家的自信延续久远。王维诗画皆称一绝。但是，长安的宫殿，只为艺术家们开了一个狭小的边门，允许他们以卑怯侍从的身份躬身而入，去制造一点娱乐。阳关的风雪，竟越见凄迷。

⑪于是，九州的画风随之<u>黯然</u>。阳关，再也难于享用温醇的诗句。西出阳关的文人还是有的，只是大多成了谪官逐臣。即便是土墩，是石城，也受不住这么多叹息的吹拂，阳关<u>坍弛</u>了，坍弛在一个民族的精神疆域中。它终成废墟，终成荒原。身后，沙坟如潮；身前，寒峰如浪。

⑫谁也不能想象，这儿，一千多年之前，曾经验证过人生的壮美，艺术情怀的弘广。

⑬回去罢，时间已经不早。怕还要下雪。

——选自《文化苦旅》

执袂（zhí mèi）：拉住衣袖。形容分别时依恋不舍。亦借指送行者。

黯然（àn rán）：阴暗的样子，比喻衰落，没有生气。
温醇：淳朴敦厚。

坍弛（tān chí）：山坡、建筑物等倒下来。

主旨：表达了作者思古之情，作者思念古代文人墨客豪放之情，为现代人对文化的轻视感到悲哀。

1. 本文重点写寻访阳关，但开头两段却不写阳关，用意何在？
2. 请简要赏析第⑥段画线句子的表达效果。
3. 联系上下文，说说第⑪段中作者为什么说阳关"再也难于享用温醇的诗句"。
4. 下列说法中符合文意的两项是（　　　　）
A. 第①段提及的"焦渴"，正是"文人的魔力"的具体体现之一。
B. 第②段承上启下，尤其是最后一句话总领下文，使文章结构严谨。

065

C. 从第③段开始,作者采用游记笔法,以行踪为序,即打听阳关、走向阳关、阳关怀古和离开阳关。

D. 作者驻足阳关,用大量笔墨写坟堆,给阳关涂上了苍凉悲壮的色彩。

E. 作者写阳关的树影、水流、苇草,暗示这里依稀还有当年"客舍青青柳色新"的影子。

F. 作者从南北各地李白、高适等人的造像中,发现唐人风范豪迈放达,独树一帜。

5. 本文中不止一次写到"雪",写"雪"有什么作用?

6. 本文选自《文化苦旅》,结合文中内容,回答作者阳关之旅"苦"在何处。

　　《阳关雪》写得十分洒脱,以一个文人的视角抒发了对古代文人墨客的景仰和慨叹之情。作者由眼前的景象引发联想,神接千古,不仅会品读到历史的沧桑,也会理解到古迹背后那些不为人知的一面,读过之后定会从中汲取到充足的养分。

　　作者接着在读者面前展现的是沙漠边陲的一派荒凉、肃杀、空旷的景象。对茫茫沙漠和沙漠雪景描绘,既是写实的,又是深化了的。从写实的角度顺理成章地带出坟堆,由此展开了联想:"中原慈母的白发,江南春闺的遥望,湖湘稚儿的夜哭。故乡柳荫下的诀别,将军圆睁的怒目,猎猎于朔风中的军旗",简洁而形象地概括出一幕幕的历史景象,而坟堆本身,又是一种民族精神的象征,从中呈现出社会性、人性,作者的历史沧桑之感自然而然地流露了出来。

　　他继续走着,终于看到了刻有"阳关古址"的石碑,今日的阳关已是面目全非了,只剩下一个破旧的烽火台和几座坍塌的城墙,他登上这片土地的制高点,感受着西北风的浩荡与凛冽。此时他又想起了王维,开始了他的深刻思考。中国古代的文人墨客并不受到当权者的重视,就连王维那样诗画一绝的人,也只是在宫廷里被当作"玩物"来消遣,并不会得到重用。中国的文化在唐朝时已经达到了一个顶峰,但这种高潮并没有延续下去,而是渐渐地衰落,像李白、杜甫那样的伟大人物也是在郁郁不得志的情况下度过余生的。

　　这篇散文激情洋溢,作者一路行吟,丰富敏锐的感受和对民族文化的炽热感情给人以强烈的感染。

行文需明修栈道，构思要暗度陈仓

跟彭荆风学写过渡自然，照应紧密的记叙文

导师简介

彭荆风，江西萍乡人。1929年出生，1950年毕业于二野军政大学四分校。1949年参军，历任云南军区文化部编辑，昆明军区创作员、宣传部副部长，成都军区创作室主任。第六届全国人大代表，中国作协理事、名誉委员，云南作协副主席。享受政府特殊津贴。1946年开始发表作品，1956年加入中国作家协会。著有长篇小说《鹿衔草》《断肠草》《师长在向士兵敬礼》《绿月亮》等，长篇传记文学《秦基伟将军》，长篇纪实文学《滇缅铁路祭》《挥戈落日》，短篇小说集《当芦笙吹响的时候》《佧佤部落的火把》《绿色的网》《红指甲》等，中篇小说集《蛮帅部落的后代》《爱与恨的边界》《雾茫茫》等，散文集《泸沽湖水色》《九月衣裳》，文学评论集《彭荆风谈文学》，电影文学剧本《边寨烽火》（合作），《芦笙恋歌》（合作），《绿色的网》等。

写作指导

所谓过渡，就是把文章中意思不同而处于相邻位置的段落或层次黏合在一起，使它们形成一个整体，从而共同为表现主题服务。所谓照应，就是把文章中意思相关而处于不相邻位置的段落和层次前后沟通起来，使相关的内容能超越段落层次的距离而集中在一起，从而达到突出主题的目的。过渡和照应，是叙事文章中必不可少的，我们在写作记叙文时只有做到过渡自然、照应紧密才能使文章显得

环环相衔、浑然一体。

一、记叙文中几种情况下的过渡：

（一）在文章开头段与正文之间使用过渡。有些文章开头使用倒叙的方法，或由眼前景物的触发引出事情的叙述，这时，为了使开头部分与正文衔接紧密，往往使用过渡。

〔例〕每当我看到桌子上的小瓷猫，一件往事就涌上心头。

那是一年前的事……（过渡，既交代了事情发生的时间，又把读者带入回忆，自然引出正文）当时，我所在的班……

（二）在叙述顺序转换之间用过渡。有些文章在顺叙过程中，往往需要插入另外一些有关的情节，再叙述原来的事，这就需要使用过渡。

彭荆风《驿路花开》："老人严肃地说：'我感谢你们盖了这间小草房。'为头的那个小姑娘赶紧摇手：'不要谢我们！不要谢我们！房子是解放军叔叔盖的。'接着，小姑娘向我们讲述了房子的来历。十多年前，有一队解放军路过这里……她姐姐很受感动。从那以后，常常趁砍柴、拾菌子、找草药的机会来照料这小茅屋。"文中用"小姑娘向我们讲述了房子的来历"过渡，插叙了小茅屋的搭建者、照料者，以及这样做的原因，歌颂了发扬雷锋精神的人。

（三）在文章内容由一层意思转入另一层意思时用过渡。有些文章常常选择几件事，从不同角度共同表现主题，由于这几件事可以独立表达完整的意思，事与事之间缺乏必然的逻辑联系，为使结构严谨，往往要用过渡。

1.启下过渡（一般指内容由总到分的过渡）。例如：彭荆风《今夜月色好》："如果不是她的丈夫——这道班房的班长，一次又一次给她写信，劝她、求她，她怎么也舍不得离开自己那傍着大河的美丽的坝子，到这终年被云雾深锁的大山来。除了孤零零的一座道班房外，周围几十里没有一户人家。这里只有她一个女的，丈夫和他们一出工，连个说话的人也没有。昨晚下了一场大雨，把公路截断了。丈夫天不亮就带着人去清理塌方。"其中"她怎么也舍不得离开自己那傍着大河的美丽的坝子，到这终年被云雾深锁的大山来"，此句就是过渡句，引起了下文，该句下面开始叙述为什么"她"舍不得离开坝子，不愿来这大山，为什么她的丈夫要劝她来这大山。

2.承上过渡（一般指内容由分到总的过渡）。例如：海伦·凯勒《我的老师》最后一段的"我是通过生活本身开始我的学习生涯的"一句就是由沙莉文女士对海伦·凯勒从生活中一个个具体事例的叙述向最终的集中评论的过渡。

3.承上启下过渡用于由一件事转到另一件事时。鲁迅《从百草园到三味书屋》中"先生读书入神的时候,于我们是很相宜的"便是由对先生读书时"总是微笑起来,而且将头仰起,摇着,向后拗过去,拗过去"的忘我状态的描写转入对学生们开始做小动作的描写("有几个便用纸糊的盔甲套在指甲上做戏。我是画画……")。

（四）文章在人物转换、表达方式改变时用过渡。记叙的过程中,有时需要转换人称或需要由一种表达方式转换为另一种表达方式,这也往往要使用过渡。

〔例〕：在朝鲜的每一天,我都被一些东西感动着;我的思想感情的潮水,在放纵奔流着;我想把一切东西都告诉给我祖国的朋友们。但我最急于告诉你们的,是我思想感情的一段重要经历,这就是：我越来越深刻地感觉到谁是我们最可爱的人!

谁是我们最可爱的人呢？我们的战士,我感到他们是最可爱的人。（过渡,由我换为战士）

也许还有人心里隐隐约约地说：你说的就是那些"兵"吗？他们看来是很平凡、很简单的哩,既看不出他们有什么高深的知识,又看不出他们有什么丰富的感情。可是,我要说,这是由于他跟我们的战士接触太少,还没有了解我们的战士：他们的品质是那样的纯洁和高尚,他们的意志是那样的坚韧和刚强,他们的气质是那样的淳朴和谦逊,他们的胸怀是那样的美丽和宽广!

让我还是来说一段故事吧。（过渡,由议论换为叙述）

还是在二次战役的时候,有一支志愿军的部队向敌后猛插,去切断军隅里敌人的逃路。当他们赶到书堂站时,逃敌也恰恰赶到那里,眼看就要从汽车路上开过去。这支部队的先头连就匆匆占领了汽车路边一个很低的光光的小山冈,阻住敌人。一场壮烈的搏斗就开始了。敌人为了逃命,用了32架飞机、10多辆坦克发起集团冲锋,向这个连的阵地汹涌卷来,整个山顶的土都被打翻了,汽油弹的火焰把这个阵地烧红了。

二、过渡的形式

（一）用过渡性的词语过渡。在层与层或段与段之间,可以运用一些承上启下的词语起过渡作用。这些过渡词语包括各种关联词语、时间词和方位词。这种过渡方式多用于两段文字在意思上的"跨越"或转折不大和语言表达上需要较为衔接紧凑的地方。它们一般放在下一段的开头。

1.关联词语过渡

例如,彭荆风《凤凰女子》一文中, "但我却觉得明丽的沱江给凤凰女子的影响更多，她们的温柔、柔弱中的强韧，与这长河是多么相似。"用"但"过渡，由沱江对沈从文的影响过渡到沱江对凤凰女子的影响。使用转折关系的关联词语过渡。唐弢的《琐忆》中有用假设关系过渡的。请看：

如果把这段话看作是他对"俯首甘为孺子牛"的解释，那么"横眉冷对千夫指"呢？

又如，"东京也无非是这样……"用"也"过渡。

2. 用时间词方位词过渡

如《为了六十一个阶级弟兄》就是直接用时间、地点转换来过渡。

（二）用过渡句过渡

用过渡句显示段落间意思有所发展或转换，是常用的过渡方式之一。它没有固定的标志，全由其位置、意思和作用来判断。多由富于提示性的判断句、陈述句或设问句充当。过渡句的内容与上下文的意思密切相关，可安排在上一段的末尾，也可以安排在下一段的开头，一般以后者居多。

1. 设问句过渡

如魏巍的《谁是最可爱的人》就有这样的例子：

谁是我们最可爱的人呢？我们的部队，我们的战士，我感到他们是最可爱的人。

记叙文以设问句作过渡，一般在文章的开头或是中间，主要作用是设置悬念，引起下文。如《驿路梨花》一文，就以"主人家是谁"设问过渡，把几十年间的事巧妙地连接在一起。

2. 感叹句过渡

如都德的《最后一课》写小弗郎士上课迟到了，以及后来决心学好法语，中间用了"我的最后一堂法语课！""可怜的人！"这些感叹句进行过渡，揭露了普鲁士的凶狠残暴，赞扬了韩麦尔先生的爱国主义精神。

3. 探究句过渡

对面前出现的疑团，虽作多种推测，但仍不能肯定，为了进一步寻找答案，就要用探究句过渡。如何为的《第二次考试》，文中写陈伊玲复试失败，考试委员会对陈伊玲作了两种推测，但毕竟说不准，因此想深究原因，于是用了这样的话来过渡：

可是究竟是什么原因呢？

4. 重复句过渡

就是用重复几次的方法过渡。比如《变色龙》中为了写出警官奥楚蔑洛夫变色龙的嘴脸，文中就几次用"人群里有人说"这样的话来过渡。又如《别了，我爱的中国》，文章就是三次运用："别了，我爱的中国"自然连接全文。

5. 穿插句过渡

如《鲁提辖拳打镇关西》，写拳打一节，每个细小情节中间都插入旁观者的表情，并借此来过渡。下面的话，就起了穿插过渡的作用。

那店小二那里敢过来，连那正要买肉的主顾也不围拢来。

6. 承上启下句过渡

如《赵州桥》一文中："这座桥不但坚固，而且美观。""坚固"承接上文，"美观"引起下文。

7. 用提示句过渡

如《黄河象》一文中"科学家们假想了这头黄河象的来历"即为提示句过渡，它使文中的内容由"介绍黄河象的骨骼化石和特点"过渡到"科学家们假想黄河象的来历"。

（三）用过渡段过渡

过渡段是在意思相关的两个段落或两部分之间，安排一个起承上启下作用、显示上下文关系的段落来进行过渡。这一般是在上下段或上下部分文章内容都较多，意思上相隔又较远，跨越或转折的幅度较大的情况下采用。过渡段在意思上往往有相对的独立性，不适于放在上下文，它更像上下文的纽带或桥梁。它在语气上又有某种"缓冲"作用，使读者的思路从容地由上文转入下文。过渡段一般都不长，有的只是一个句子。只要独立成段，就是过渡段。

1. 桥梁过渡法，往往用在比较大的层次或部分之间

如鲁迅的《孔乙己》，前面写了环境——咸亨酒店，写了"我"的情况，下面该转向写孔乙己的悲惨一生了，这之间用了一个桥梁式的过渡段，把上下两部分扣合得很自然。这个过渡段就是：

我从此便整天的站在柜台里，专管我的职务。虽然没有什么失职，但总觉有些单调，有些无聊。堂柜是一副凶脸孔，主顾也没有好声气，教人活泼不得；只有孔乙己到店，才可以笑几声，所以至今还记得。

2. 承上启下段过渡

例如陈芸芸的《山的那一边》，开头是"山的那一边，其实还是山。"单单看这一句开头，似乎作者是要写山那边的山。然而不是，作者真正要写的是大山深处的一条小山沟里来了一队解放军战士后，沟里的山村发生的变化。因此，作者紧接开头用了一个过渡段，其实就是一句话："山与山之间是条沟，沟里是几个小村子。"仅此一句，既写出了这个山村的闭塞偏远，又引出了文章的着眼点

在于这几个小村子里发生的事情。再往下，自然就是文章的主体部分：解放军战士进村前后，山村的不同面貌。而重点是在战士们影响带动下，山村的变化。这种写法简明、含蓄，耐人寻味，是运用段落过渡的典型样式。

（四）空白过渡

有些文章因为内容自然分成若干部分，每部分之间就有采用空行过渡的。这种过渡法能使文章眉目清楚。如奥斯特洛夫斯基的《筑路》、郑文光的《火刑》、鲁迅的《阿Q正传》等都用了空白过渡。

三、记叙文中的照应

照应是指文章中某些内容在不同位置上的互相关照和呼应。文章前面提到的，后面须有着落；后边要说的，前面先有交代。这样有呼有应，使文章显得前后连贯、脉络分明。

（一）首尾照应

例如，吴伯箫写的《记一辆纺车》是这样开头的：

我曾经使用一辆纺车，离开延安那年，把它跟一些书籍一起留在蓝家坪了。后来常常想起它。想起它，就像想起旅伴，想起战友，心里充满着深切的怀念。

接下去，文章写当年在大生产运动中纺车的重大作用和纺线劳动的方方面面。回忆结束后，文章在结尾部分又写道：

就因为这些，我常常想起那辆纺车。想起它就像想起旅伴和战友。心里充满着深切的怀念，围绕着这种怀念，也想起延安的种种生活。……

这种在文章的开头部分和结尾部分互相照应的写法，称为"首尾照应"。

（二）文中照应

茅盾写的《白杨礼赞》一文，除了有类似《记一辆纺车》的首尾照应之外，文章中间还有以下一些段落：

那就是白杨树，西北极普通的一种树，然而实在是不平凡的一种树。（第4段）

这就是白杨树，西北极普通的一种树，然而决不是平凡的树。（第6段）

白杨树是不平凡的树，它在西北极普通，不被人重视，就跟北方的农民相似；它有极强的生命力，磨折不了，压迫不倒，也跟北方的农民相似。我赞美白杨树，就因为它不但象征了北方的农民，尤其象征了今天我们民族解放斗争中所不可缺的朴质、坚强、力求上进的精神。（第8段）

这三个段落中，第4段是写在恹恹欲睡的情绪中，猛抬眼见到白杨树时的第一印象；第6段是写仔细观察了白杨树的外形之后，进一步得到证实的印象；第8段是写联想到白杨树的象征意义之后，形成了带有哲理意味的印象。这三个段落，由浅入深、由表及里地表现了文章的主题，这种文章中互相照应的段落，称为"文中照应"。

（三）文题照应

有些文章的标题和文章的主题有着密切的关系，文章中的许多段落反复使用标题中所使用的文字，因而起到了强调主题的作用。例如，陶铸写的《松树的风格》和魏巍写的《谁是最可爱的人》都使用了这种手法。记叙文的不少题目是作者精心提炼的点睛之笔，因此照应题目，实际上也就是刻意点睛的一种极巧妙的方法。例如，茹志鹃的《百合花》一文在文章结尾处写道："在月光下，我看见她眼里晶莹发亮，我也看见那条枣红底色上洒满白色百合花的被子，这象征纯洁与感情的花，盖上了这位平常的、拖毛竹的青年人的脸。"在文章结尾外照应题目，就更集中、更突出地揭示了主题。

常见失误

误区一：行文过渡"机械呆板、生硬僵化"

文章中用特定的词语、句子、段落、小标题等，提示前后文意思之间的联系，使它们有机联系起来，自然而然地由上文转入下文，这就是承接过渡。如果需要过渡而没过渡，或过渡欠妥，都会影响文章的表达效果，甚至会给读者的思路造成混乱，连接不好的文章，就会显得生硬、别扭、不通畅。

误区二：缺少必要的照应，文章不严谨，内容不紧凑，主题不突出

文章必须要有必要的照应之处，否则就会文题不符、前后割裂。尤其是开头一下笔，就紧扣中心内容，照应题目。如题目"这节历史课使我受到了教育"，开头"小学六年，我上过的课不计其数，其中使我受到教育最深的是一节历史课。"题目："游泳能手——小菊"，开头："我家屋后有一条河，河面上建着一座水泥拱桥。我们村里的孩子都喜欢在这条河中游泳。说起游泳能手，可要算我的好邻居——小菊了。"这种照应形式，文章一下笔，就"书归正传"、开宗明义，照应题目，便于把文章写得直截了当、干脆利落，有助于一下子吸引住读者，能有效地避免"偏题"现象。行文当中，时刻注意将文章主要内容与题目相照应，更能突出文章的主题，而且有利于把文章写得简练、集中；如果不注意照应题目，就容易犯"下笔千言，离题万里"的错误。

名作赏析

这篇文章记叙了"我"所目睹耳闻军民建设和照料山间草屋的事迹,热情地赞扬了他们学习雷锋、助人为乐的思想品质。

驿路梨花

彭荆风

> 驿路(yì lù):古代专门给马车之类通行的道路,也作驿道。

山,好大的山啊!起伏的青山一座挨一座,延伸到远方,消失在迷茫的暮色中。

这是哀牢山南段的最高处。这么陡峭的山,这么茂密的树林,走上一天,路上也难得遇见几个人。夕阳西下,我们有点着急了,今夜要是赶不到山那边的太阳寨,只有在这深山中露宿了。

> 第一部分(1—10段):写我和老余正在焦急地赶路之时发现了小茅屋。

同行老余是在边境地区生活过多年的人。正走着,他突然指着前面叫了起来:"看,梨花!"

白色梨花开满枝头,多么美丽的一片梨树林啊!

老余说:"这里有梨树,前边就会有人家。"

一弯新月升起了,我们借助淡淡的月光,在忽明忽暗的梨树林里走着。山间的夜风吹得人脸上凉凉的,梨花的白色花瓣轻轻飘落在我们身上。

> 1.品味描写梨花美景的语言,体会写景的作用。

"快看,有人家了。"

一座草顶、竹篾泥墙的小屋出现在梨树林边。屋里漆黑,没有灯也没有人声。这是什么人的房子呢?

老余打着电筒走过去,发现门是从外扣着的。白水门板上用黑炭写着两个字:"请进!"

我们推开门进去。火塘里的灰是冷的,显然,好多天没人住过了。一张简陋的大竹床铺着厚厚的稻草。倚在墙边的大竹筒里装满了水,我尝了一口,水清凉可口。我们走累了,决定在这里过夜。

老余用电筒在屋里上上下下扫射了一圈,又发现墙上写着几行粗大的字:"屋后边有干柴,梁上竹筒里有米,有盐巴,有辣子。"

我们开始烧火做饭。温暖的火、喷香的米饭和滚热的洗脚水,把我们身上的疲劳、饥饿都撵走了。我们躺在软软的干草铺上,对小茅屋的主人有说不尽的感激。我问老余:"你猜这家主人是干什么的?"老余说:"可能是一位守山护林的老人。"

正说着,门被推开了。一个须眉花白的瑶族老人站在门前,手里提着一杆明火枪,肩上打着一袋米。

"主人"回来了。我和老余同时抓住老人的手,抢着说感谢的话;老人眼睛瞪得大大的,几次想说话插不上嘴。直到我们不作声了,老人才笑道:"我不是主人,也是过路人呢!"

我们把老人请到火塘前坐下,看他也是又累又饿,赶紧给他端来了热水、热饭。老人笑了笑:"多谢,多谢,说了半天还得多谢你们。"

看来他是个很有穿山走林经验的人。吃完饭,他燃起一袋旱烟笑着说:"我是给主人家送粮食来的。"

"主人家是谁?"

"不晓得。"

"粮食交给谁呢?"

"挂在屋梁上。"

"老人家,你真会开玩笑。"

他悠闲地吐着烟,说:"我不是开玩笑。"停了一会,又接着说:"我是红河边上过山岩的

第二部分(11—35段):主要写小茅屋主人的热情周到,引发我们对小茅屋主人的猜想。

麂子：(jǐ)俗称麂子，鹿科。腿细而有力，善于跳跃，皮很软可以制革。通称"麂子"。	瑶家，平常爱打猎。上个月，我追赶一群<u>麂子</u>，在老林里东转西转迷失了方向，不知怎么插到这个山头来了。那时候，人走累了，干粮也吃完了，想找个寨子歇歇，偏偏这一带没有人家。我正失望的时候，突然看到了这片梨花林和这小屋，屋里有柴、有米、有水，就是没有主人。吃了用了人家的东西，不说清楚还行？我只好撕了片头巾上的红布、插了根羽毛在门上，告诉主人，有个瑶家人来打扰了，过几天再来道谢……"

　　说到这里，他用手指了指门背后："你们看，那东西还在呢！"

　　一根白羽毛钉在红布上，红白相衬很好看。老人家说到这里，停了一会，又接着说下去："我到处打听小茅屋的主人是哪个，好不容易才从一个赶马人那里知道个大概，原来对门山头上有个名叫梨花的哈尼小姑娘，她说这大山坡上，前不着村后不挨寨，她要用为人民服务的精神来帮助过路人。"

　　我们这才明白，屋里的米、水、干柴，以及那充满了热情的"请进"二字，都是出自那哈尼小姑娘的手。多好的梨花啊！

　　瑶族老人又说："过路人受到照料，都很感激，也都尽力把用了的柴、米补上，好让后来人方便。我这次是专门送粮食来的。"

2.文章写出"我"在这天夜里做了个在梨树中看到梨花姑娘的梦境，这有何用意？	这天夜里，我睡得十分香甜，梦中恍惚在那香气四溢的梨花林里漫步，还看见一个身穿着花衫的哈尼小姑娘在梨花丛中歌唱……
修葺（qì）：用茅草覆盖房顶，今指修理（建筑物）。	第二天早上，我们没有立即上路，老人也没有离开，我们决定把小茅屋<u>修葺</u>一下，给屋顶加点草，把房前屋后的排水沟再挖深一些。一个哈尼小姑娘都能为群众着想，我们真应该向她学习。

　　我们正在劳动，突然梨树丛中闪出了一群

哈尼小姑娘。走在前边的约莫十四五岁，红润的脸上有两道弯弯的修长的眉毛和一对晶莹的大眼睛。我想："她一定是梨花。"

瑶族老人立即走到她们面前，<u>深深</u>弯下腰去，行了个大礼，吓得小姑娘们像小雀似的蹦开了，接着就哈哈大笑起来："老爷爷，你给我们行这样大的礼，不怕折损我们吗？"老人严肃地说："我感谢你们盖了这间小草房。"

为头的那个小姑娘赶紧插手："不要谢我们！不要谢我们！房子是解放军叔叔盖的。"

接着，小姑娘向我们讲述了房子的来历。十多年前，有一队解放军路过这里，在树林里过夜，半夜淋了大雨。他们想，这里要有一间给过路人避风雨的小屋就好了，第二天早上就砍树割草盖起了房子。她姐姐恰好过这边山上来拾菌子，好奇地问解放军叔叔："你们要在这里长住？"解放军说："不，我们是为了方便过路人。是雷锋同志教我们这样做的。"她姐姐<u>很受感动</u>。从那以后，<u>常常</u>趁砍柴、拾菌子、找草药的机会来照料这小茅屋。

原来她还不是梨花。我问："梨花呢？"

"前几年出嫁到山那边了。"

不用说，姐姐出嫁后，是小姑娘接过任务，常来照管这小茅屋。

我望着这群充满朝气的哈尼小姑娘和那洁白的梨花，不由得想起了一句诗："驿路梨花处处开"。

——选自短篇小说集《驿路梨花》

3. "深深"一词在表情达意上有什么作用？

4. 本文中的解放军和梨花姑娘并未直接出场，而是通过其他人物的语言写出他们的行动。这运用了什么写人方法？本篇运用这种写人方法收到了什么样的效果？

5. "很受感动"和"常常"二词表达了什么？

6. 根据文章的中心思想，请你试着给"驿路梨花处处开"对个下联。

第三部分（36）赞美西南少数民族人民学习雷锋、助人为乐的精神就像洁白的梨花，开遍神州大地。

1.那群哈尼小姑娘中为首的一个有什么特点?

2. 第32—35段插叙了一件什么事?（从原因、经过、结果三个方面简要概括）插叙的作用是什么?

3. 课文标题是"驿路梨花",文章结尾引用陆游的诗"驿路梨花处处开",照应题目,寓意深刻。思考:课文中有几处描写梨花的语句?这些描写起什么作用?

彭荆风的《驿路梨花》多处运用照应的手法,使得文章脉络清晰,前后连贯,是我们写记叙文应该学习之处。

全篇几次写到"梨花":

正走着,他突然指着前面叫了起来:"看,梨花!"白色梨花开满枝头,多么美丽的一片梨树林啊!

这是第一次,写自然界中的梨花,与题目相照应。

我到处打听小茅屋的主人是哪个?原来对面山头上有个名叫梨花的哈尼小姑娘。

这是第二次,从自然界的梨花写到名叫梨花的哈尼小姑娘,点出文章的主要人物,再次与题目照应。

这天夜里,我睡得十分香甜,梦中恍惚在那香气四溢的梨花林里漫步,还看见一个身穿着花衫的哈尼小姑娘在梨花丛中歌唱。

这是第三次,把自然界的梨花与名叫梨花的小姑娘绾合在一起。

我望着这群充满朝气的哈尼小姑娘和那洁白的梨花,不由得想起了一句诗:驿路梨花处处开。

这是第四次,结尾引用诗句,双关"梨花",点明题意。这种随时的照应,使文章前后连贯,脉络清晰,照应了题目,就更集中、更突出地揭示了主题。

回眸一笑百媚生,六宫粉黛无颜色

跟梁实秋学写人物个性鲜明的记叙文

导师简介

梁实秋,原名梁治华,1903年出生于北京,浙江杭县(今余杭)人。笔名子佳、秋郎、程淑等。1923年8月赴美留学,取得哈佛大学文学硕士学位。1926年回国后,先后任教于国立东南大学(东南大学前身)、国立青岛大学(中国海洋大学前身)。1949年到台湾,任台湾师范学院英语系教授。1987年11月3日病逝于台北。中国著名的散文家、学者、文学批评家、翻译家。国内第一个研究莎士比亚的权威,代表作《莎士比亚全集》(译作)等。曾与鲁迅等左翼作家笔战不断。一生给中国文坛留下了两千多万字的著作,其散文集创造了中国现代散文著作出版的最高纪录。他的散文小品,广泛涉及人生世态,或回忆往事,记述个人经历,或叙写家庭生活、读书生涯,或忆记故乡,发家国之思,或描写社会面貌、文化习俗……

写作指导

写人的记叙文,人物要具有个性特征。个性特征,指的是一个人在思想、品质、行为、习惯等方面异于他人的特征。由于人们的生活经历和所处的社会环境各不相同,因而个性的差异是普遍存在的,即使是同一种思想品质,在表现形式上也总有这样那样的区别,不会完全相同,正所谓"世上没有两片完全相同的树叶"。

只有写出人物的个性特征，文章才真实生动，才能打动读者。千人一面、千篇一律的文章无论如何不会给读者留下深刻印象的。那么，怎样才能写出人物的个性呢？

一、注重细节描写

细节描写是指对表现人物性格和情节发展有特殊作用的包括动作、神情、物件、环境等在内的一些细小环节的细致描写。细节往往是一部作品、一篇文章的个性和亮点所在，是吸引读者、打动人心、表达中心的点睛之处。恰当地运用细节描写，往往能增强描写的生动性和真实感，使人物更具个性特征，对人物塑造有"四两拨千斤"的作用。

《笑林》中有这样一段记载："汉世有老人，无子，家富，性俭吝。或人从之求丐（借钱）者，不得已而入内取钱十，自堂而出，随步辄减（走一步减一个），比至于外（等到走到外边），才余半在，闭目以授丐者，寻（不久）复嘱曰：我倾家赡君（把全部家当拿给了你）慎勿他说，复相效而来。"除开头两三句是简要介绍外，此段描写极为传神，妙在"随步辄减"、"闭目以授乞者"、"寻复嘱曰"等细节，活画出吝啬鬼爱财成癖的性格特征，让人忍俊不禁。

具体描写时，首先要注意细节的真实性和典型性。细节要准确可信，经得起推敲，要经过精心选择，巧妙安排，切忌烦琐的自然主义的描写；其次要服从人物刻画的需要，对某些具有特殊意义的细节进行可以反复多次的描写。如《祝福》中"阿毛故事"的多次出现就收到了特殊的艺术效果。

捕捉到精彩、典型细节的途径很多，比如，平时留心观察周围的人和事，注意人物的种种活动、神态的细微变化等。女作家茹志鹃的《百合花》中关于小战士的几个细节描写就留给人们不可磨灭的印象。

二、做到形神兼备

无论是肖像描写还是动作语言描写，都要着眼于表现人物的内在气质、精神面貌，做到形神一体，梁实秋在《记梁任公先生的一次演讲》中关于梁启超先生的描写就是一个很好的范例：

我记得清清楚楚，在一个风和日丽的下午，高等科楼上大教堂里坐满了听众，随后走进了一位短小精悍秃头顶宽下巴的人物，穿着肥大的长袍，步履稳健，风神潇洒，左右顾盼，光芒四射，这就是梁任公先生。

作者写人写得精彩，写相貌真实有特点，但我们中学生很少有这样写人的，往往写人都是高大的，微笑的，或者是两眼炯炯有神，不可能写一个正面人物"秃头顶"，"穿着肥大的长袍"。中学生是很知道褒贬的，但是要区分清楚真实和褒贬有时候是两回事。

三、运用侧面衬托的方法

以上所说的都是直接描写,写实的细描让人感到贴近真切,比喻、夸张的点缀则让人遐思无限,可谓各显千秋。但我们还可以把镜头移开对准他人或他物,让外界事物充当最佳配角,以期达到"不着一字,尽得风流"的至高境界,这就是侧面烘托。

例如,梁实秋在《记梁任公先生的一次演讲》中写到:

过去也有不少显宦,以及叱咤风云的人物,莅校讲话,但是他们都没有能够留下深刻的印象。

——运用对比的手法,来侧面突出梁启超先生演讲给人印象的深刻。

我在听先生演讲后二十余年,偶然获得机缘在毛津渡候船渡河……顿时忆起先生讲的这首诗。

——烘托梁启超讲《箜篌引》的精彩生动。

听过这讲演的人,除了当时所受的感动之外,不少人从此对于中国文学发生了强烈的爱好。

——说演讲效果,很多人对文学发生爱好,说明演讲的成功。

四、写出人物独特的行事方式

在实际生活中,由于每个人的出身、职业、地位、教养、经历、性格的不同,在其行事方式上必然留下鲜明的印记。恩格斯说过:不但要写出人物做什么,还要写出他怎么做。同样对爱情忠贞不渝,刘兰芝"举身赴清池",焦仲卿"徘徊庭树下",殉情方式的不同表现出个性的差异,一个果决,一个优柔,都给读者留下难忘的印象。

五、要注意描写顺序

人物描写,无论是肖像描写还是动作、语言描写,都应该按照合理的顺序来展开。如,赵树理的小说《老杨同志》中的肖像描写就体现了这一点。"他(老杨同志)头上箍着白手巾,身上是白小布衫蓝裤,脚上穿着半旧的硬鞋,至少也有二斤半重。"这段肖像描写,突出了老杨同志生活的俭朴。其顺序和层次非常清楚:是从"头上"、"身上"到"脚上",由上到下。相反,没有明晰层次的描写非但不能很好地凸现人物的个性特征,还会给人以混乱不堪、不忍卒读的感觉。

综上所述,写好人物不仅要靠仔细观察,悉心揣摩,还要掌握一定的表现技巧和方法。

常见失误

刻画人物,其个性特征是其生命,但在写作中仍出现一些常见的毛病,主要有以下几类:

误区一:用语陈旧,人物脸谱化

有些同学描写人物爱用些陈词滥调,把生活中千差万别的人物脸谱化,也简单化。如写美人,都是"瓜子脸儿""柳眉杏眼""樱桃小口";写老教师,都是"两鬓斑白""皱纹刀刻似的";写小姑娘,都是"梳着羊角辫""一双炯炯有神的大眼睛"……好人都是身材高大,面容姣好;坏人都是尖嘴猴腮,贼眉鼠眼。如此描写,岂不违背了生活真实?又焉能表现出人物思想性格的独特性?还有些同学喜欢用套话,什么"沉鱼落雁"、"闭月羞花"、"相见恨晚",只怕作者自己也不明白他所写对象的特征。

误区二:不注意观察生活,把个性当作静止不变的事物来写

生活中的人大多数处在活动之中,因而其个性应在动态中体现,高明的作者一定要写出其外表或内心活动的微妙而细小的变化。《我的叔叔于勒》一文中的高潮部分,便成功地在动态中进行了肖像描写。写菲利普时,随着情节的发展,从"神色不安"到"神色张皇",再到"神色很狼狈";脸色从苍白到煞白;两只眼睛从"不寻常"到呆滞。这样,人物的神态随着情节的发展而变化,即活现了菲利普从热望到失望的狼狈相,又充分暴露了他的虚伪可鄙的嘴脸。而我们有些同学恰恰忽略了这一点,笔下的人物常常从始至终一成不变。

误区三:以"记叙"代替"描写",人物形象轮廓化

记叙只是对人物性格的一般性交代,而描写才能对人物性格作具体生动的再现。可个别同学习惯于以"记叙"代替"描写",语言流于粗线条式的,笔下的人物总是影影绰绰,不够鲜明生动。这样的人物形象缺乏立体感,很难在读者心中站立起来。举一个例子:"一片树叶绕树三匝,一步三回头,在树根脚下找到归宿",这种饱含感情的描写,生动可感,且有韵味。如果改为"一片树叶从枝头落下",其形象就单薄逊色多了。

要改变上述状况，其途径首先是深入生活，用心体察人物个性；其次是选择恰当的方法。

名作赏析

梁实秋的散文怀人则凄清细腻、缠绵动人；思乡则深沉浓郁、感人至深；写景则错落有致、别具一格；叙事则娓娓道来、不流于俗……总之，梁实秋的散文幽默典雅，雍容大度，舒徐自在，韵味浓郁，读来让你爱不释手。《我的一位国文老师》是梁实秋散文中写人的名篇，作者用风趣幽默而又饱含深情的笔调刻画了一个貌丑性凶但却敬业爱生的独特的老师形象。

我的一位国文老师

梁实秋

①我在十八九岁的时候，遇见一位国文先生，他给我的印象<u>最</u>深，使我受益也<u>最</u>多，我至今不能忘记他。

②先生姓徐，名锦澄，我们给他上的绰号是"徐老虎"，因为他凶。

③他的相貌很古怪，他的脑袋的轮廓是有棱有角的，很容易成为漫画的对象。头很尖，秃秃的，亮亮的，脸形却是方方的，扁扁的，有些像《聊斋志异》绘图中的夜叉的模样。他的鼻子眼睛嘴好像是过分的集中在脸上很小的一块区域里。他戴一副墨晶眼镜，银丝小镜框，这两块黑色便成了他脸上最显著的特征。我常给他画漫画，勾一个轮廓，中间点上两块椭圆形的黑块，便惟妙惟

全文共12自然小节，可分四段：
第一段（第①小节）：总写不能忘记国文老师的原因。
1.连用两个"最"有什么表达效果？

第二段（②—⑥小节）：叙写国文先生的外貌特征和行为习惯。

肖。他的身材高大，但是两肩总是耸得高高，鼻尖有一些红，像酒糟的，鼻孔里常川的藏着两桶清水鼻涕，不时的吸溜着，说一两句话就要用力的吸溜一声，有板有眼有节奏，也有时忘了吸溜，走了板眼，上唇上便亮晶晶的吊出两根<u>玉箸</u>，他用手背一抹。他常穿的是一件灰布长袍，好像是在给谁穿孝，袍子在整洁的阶段时我没有赶得上看见，余生也晚，我看见那袍子的时候即已油渍斑斑。他经常是仰着头，迈着八字步，两眼望青天，嘴撇得瓢儿似的。我很难得看见他笑，如果笑起来，是狞笑，样子更凶。

④我的学校是很特殊的。上午的课全是用英语讲授，下午的课全是国语讲授。上午的课很严，三日一问，五日一考，不用功便被淘汰，下午的课稀松，成绩与毕业无关。所以每到下午上国文之类的课程，学生们便不踊跃，课堂上常是稀稀拉拉的不大上座，但教员用拿毛笔的姿势举着铅笔点名的时候，学生却个个都到了，因为一个学生不只答一声到。真到了的学生，一部分是从事午睡，微发鼾声，一部分看小说如《官场现形记》《玉梨魂》之类，一部分写"父母亲大人膝下"式的家书，一部分干脆瞪着大眼发呆，神游<u>八表</u>。有时候逗先生开顽笑。国文先生呢，大部分都是年高有德的，不是榜眼，就是探花，再不就是举人。他们授课不过是奉行故事，乐得敷敷衍衍。在这种糟糕的情形之下，徐老先生之所以凶，老是绷着脸，老是开口就骂人，我想大概是由于正当防卫吧。

⑤有一天，先生大概是多喝了两盅，摇摇摆摆的进了课堂。这一堂是作文，他老先生拿起粉笔在黑板上写了两个字，题目尚未写完，当然照例要吸溜一下鼻涕，就在这吸溜之际，一位性

玉箸（yù zhù）：玉做的筷子，亦指思妇的眼泪。在文中指清鼻涕。

八表：又称"八荒"，意指极远的地方。
神游八表：身不在某地而在想象或梦境中游历极远的某地。

急的同学发问了:"这题目怎样讲呀?"老先生转过身来,冷笑声,勃然大怒:"题目还没有写完,写完了当然还要讲,没写完你为什么就要问?……"滔滔不绝的吼叫起来,大家都为之愕然。这时候我可按捺不住了。我一向是个上午捣乱下午安分的学生,我觉得现在受了无理的侮辱,我便挺身分辩了几句。这一下我可惹了祸,老先生把他的怒火都泼在我的头上了。他在讲台上来回的踱着,吸溜一下鼻涕,骂我一句,足足骂了我一个钟头,其中警句甚多,我至今还记得这样的一句:"×××!你是什么东西?我一眼把你望到底!"

⑥这一句颇为同学们所传诵。谁和我有点争论遇到纠缠不清的时候,都会引用这一句"你是什么东西?我把你一眼望到底!"当时我看形势不妙,也就没有再多说,让下课铃结束了先生的怒骂。

⑦但是从这一次起,徐先生算是认识我了。酒醒之后,他给我批改作文特别详尽。批改之不足,还特别的当面加以解释,我这一个"一眼望到底"的学生,居然成为一个<u>受益最多</u>的学生了。

⑧徐先生自己选辑教材,有古文,有白话,油印分发给大家。《林琴南致蔡孑民书》是他讲得最为眉飞色舞的一篇。此外如吴敬恒的《上下古今谈》,梁启超的《欧游心影录》,以及张东荪的时事新报社论,他也选了不少。这样新旧兼收的教材,在当时还是很难得的开通的榜样。我对于国文的兴趣因此而提高了不少。徐先生讲国文之前,先要介绍作者,而且介绍得很亲切,例如他讲张东荪的文字时,便说:"张东荪这个人,我倒和他一桌上吃过饭……"这样的话是相当的可以使学生们吃惊的,吃惊的是,我们的国文先

2. ②至⑥小节刻画了徐先生怎样的性格?

第三段(⑦—⑪小节)叙写"我"从徐先生处所得到的益处。
第7小节是这一段的总领。
3. "受益最多"在结构上有什么作用?

第8小节主要写徐先生选编教材的独到和讲课的亲切。

生也许不是一个平凡的人吧，否则怎样会能够和张东荪一桌上吃过饭！

⑨徐先生于介绍作者之后，朗诵全文一遍。这一遍朗诵可很有意思。他打着江北的官腔，咬牙切齿的大声读一遍，不论是古文或白话，一字不苟的吟咏一番，好像是演员在背台词，他把文字里的蕴藏着的意义好像都给宣泄出来了。他念得有腔有调，有板有眼，有情感，有气势，有抑扬顿挫，我们听了之后，好像是已经理会到原文的意义的一半了。好文章掷地作金石声，那也许是过分夸张，但必须可以琅琅上口，那却是真的。

> 第9小节主要写徐先生的课文诵读。

⑩徐先生之最独到的地方是改作文。普通的批语"清通""尚可""气盛言宜"，他是不用的。他最擅长的是用大墨杠子大勾大抹，一行一行的抹，整页整页的勾；洋洋千余言的文章，经他勾抹之后，所余无几了。我初次经此打击，很灰心，很觉得气短，我掏心挖肝的好容易诌出来的句子，轻轻的被他几杠子就给抹了。但是他郑重的给我解释一会，他说："你拿了去细细的体味，你的原文是软爬爬的，冗长，懒啦光唧的，我给你勾掉了一大半，你再读读看，原来的意思并没有失，但是笔笔都立起来了，虎虎有生气了。"我仔细一揣摩，果然。他的大墨杠子打得是地方，把虚泡囊肿的地方全削去了，剩下的全是筋骨。在这删削之间见出他的工夫。如果我以后写文章还能不多说废话，还能有一点点硬朗挺拔之气，还知道一点"割爱"的道理，就不能不归功于我这位老师的教诲。

> 第10小节主要写徐先生改作文。
>
> 气盛言宜：是指作家的道德修养境界高，则在发言、著述时，无论用词长短或声调高下，均能得宜。

⑪徐先生教我许多作文的技巧。他告诉我："作文忌用过多的虚字。"该转的地方，硬转；该接的地方，硬接。文章便显着朴拙而有力。他告诉我，文章的起笔最难，要突兀矫健，要开门

> 第11小节主要介绍了徐先生给学生所讲的作文技巧。

见山，要一针见血，才能引人入胜，不必兜圈子，不必说套语。他又告诉我，说理说至难解难分处，来一个譬喻，则一切纠缠不清的论难都迎刃而解了，何等经济，何等手腕！诸如此类的心得，他传授我不少，我至今受用。

⑫我离开先生已将近五十年了，未曾与先生一通音讯，不知他云游何处，听说他已早归道山了。同学们偶尔还谈起"徐老虎"，<u>我于回忆他的音容之余，不禁还怀着怅惘敬慕之意。</u>

第四段（第⑫小节）写"我"对徐先生的深深怀念。

——选自梁实秋《雅舍小品》

1. 作者在文中既写了对徐先生的回忆，也写了自己当时的印象和受益之处。阅读文章，填写表格。（4分）

回忆的内容	当时的印象或受益之处
相貌神态、上课发怒	①
②	提升了我对国文的兴趣
③	让我的作文硬朗挺拔

2. 阅读画线句子，结合文章内容，揣摩作者"怅惘敬慕"的内容。（4分）
"怅惘"的内容：
"敬慕"的内容：

3. 简要分析作者是怎样把一位普通的国文老师描写得生动而让人难忘的。（不超过140字）

一般对于尊者长者的回忆常常总会规避一些缺点和不足，而梁实秋对国文先生徐锦澄的描写，却可以用"大不敬"来形容。首先是绰号不雅——"徐老虎"，一旦一个人的名号与"老虎"挂上钩，就足见其凶其狠了。再看他的"相貌"，他的尊容，作者概之以"古怪"实在是再恰当不过了。作者对他的一些习惯性动作的描写很细腻，个性鲜明，读来令人忍俊不禁，梁实秋文风的谐趣由此可见一斑。然而徐先生不仅仅是一位敬业的老师，还是一位有见识有作为的素养极高的老师，更是一位敬业爱生的人品极高的老师。

本文在写作上主要有如下特点，可作为写人记叙文的写作借鉴：

一、欲扬先抑，似贬实褒

从文章的开头，我们不难看出作者是要褒扬自己的国文老师，可从文章的第二小节开始，作者不惜笔墨，连用四个小节，写老师可怕的绰号、怪异的相貌、狰狞的凶笑、不良的习惯……但这些看似贬损的描写并无恶意，作者实际上是在通过这些富有个性特征的描写来突出国文老师的有趣和可爱，同时也与下文写老师的认真、敬业、爱生形成了表和里的反向衬托，外在的丑正衬托了内在的美。

二、善抓特征，描画细腻

作者不愧为散文大家，在他的笔下，人物栩栩如生。究其因，是作者善抓特征所致。那有棱有角的脑袋轮廓，那秃秃亮亮的尖头，那方方扁扁的脸形，那总是耸得高高的肩头，那常吸溜鼻涕的酒糟鼻子，那油渍斑斑的长袍都是我们在古今人物画廊中从未见到过的。也许作者本身就是漫画高手，寥寥几笔，人物就形神兼备了。

三、语言幽默，谐趣横生

诙谐幽默本就是梁实秋散文的语言风格，本文依然体现了这种风格。本来回忆自己恩师的文章应该严肃庄重些，但作者偏偏不肯。你看他写老师的鼻子，一会儿说他"鼻尖有一些红，像酒糟的"，一会儿说他"鼻孔里藏着两筒清水鼻涕，不时地吸溜着，说一两句话就要用力的吸溜一声，有板有眼有节奏"，一会儿又说他"也有时忘了吸溜，走了板眼，上唇上便亮晶晶地吊出两根玉箸，他用手背一抹"，真是竭尽调侃之能事，文中这样风趣幽默的描写比比皆是，但毫无做作之感，真正达到了炉火纯青、出神入化的境界。

梁实秋的散文内蕴丰盈，行文崇尚简洁，重视文调，追求"绚烂之极趋于平淡"的艺术境界及文调雅洁与感情渗入的有机统一。且因洞察人生百态，文笔机智闪烁，谐趣横生，严肃中见幽默，幽默中见文采。晚年怀念故人、思恋故土的散文更写得深沉浓郁，感人至深。

知人知面难知心,多个角度去写人

跟茅盾学写多角度刻画人物的记叙文

导师简介

茅盾(1896—1981),原名沈德鸿,笔名茅盾、郎损、玄珠、方璧、止敬、蒲牢、微明、沈仲方、沈明甫等,字雁冰,浙江嘉兴人。

茅盾出生在一个思想观念颇为开放的家庭里,从小接受新式教育。后考入北京大学预科,毕业后入商务印书馆工作,从此走上了改革中国文艺的道路,他是新文化运动的先驱者、中国革命文艺的奠基人。茅盾同时也是中国现代著名作家、文学评论家、文化活动家以及社会活动家。代表作有小说《子夜》《春蚕》和文学评论《夜读偶记》。1981年3月14日,茅盾自知病将不起,将稿费25万元人民币捐出设立茅盾文学奖,以鼓励当代优秀长篇小说的创作。

写作指导

人物刻画描写的基本方法可分为四种:肖像描写、语言描写、行动描写和心理描写。

茅盾说:"文学作品的主要任务是塑造典型人物。"长篇小说《子夜》描写了近百个人物,在这一艺术形象的画廊中,作者成功地塑造了既具有时代特征,又具有鲜明个性的典型形象。

一、肖像描写

指把人的容貌(脸型、五官)、神情、身体形态、衣饰、姿势、风度等方面的某一部分或几个部分，用生动具体的语言描述出来。肖像描写，不要求写全貌，它重在表现人物性格，突出文章的中心思想。其作用不仅在勾画出这个人物的外部面貌，而且是为了以"形"传"神"，即通过人物的某些外部特征来揭示这个人物的性格。它往往着重于人物的面部、身材、服饰，以表现人物的身份、风度、神韵和表情。

二、语言描写

言为心声，人物的话语最易"泄露"人物心灵的秘密，最能灵活而直接地展示人物性格，它可以充分、细致地将人物的内心世界袒露出来，因此，人物的言语描写是刻画人物形象的重要手段。语言描写要反映人物的个性特征。由于时代、职业、身份、年龄等因素造成的差异，人们说话的内容、方式各有不同，语言描写就是要抓住能表现人物个性的语言，写出"这一个"来，使读者如闻其声，如睹其容。语言描写宜简洁得体，不可拖沓散漫，有悖人物身份。

三、动作描写

行动描写就是让人物用行动来表现自己。行动是人物性格的具体表现，最能显示人物的性格特征。人物的一举手、一投足、一个姿势都能很好地表现人物的性格。所以对于人物行动的描写是展示人物性格、塑造人物形象的主要方式。这里所说的行动，不是人物的一切行动，而是最有意义、最能显示人物性格，或者能推动情节发展的那些行动，包括人物的习惯性动作和下意识举止在内。行动描写就是让人物在"做些什么"和"怎样去做"中去展示自己的价值观念、情感特性、性格气质、精神状态等，使读者透过人物的"所作所为"作出相应、相似、相关而不相悖的判断。

四、心理描写

心理描写是对人物在一定的环境下产生的想法、感触、联想等内心的思想情感活动的描写，它旨在深刻地揭示人物的精神世界和思想品质。如果说人物的肖像、言语、行动的描写侧重于展示人物形象的外部风貌，让读者透过这些描写窥见或感受人物内心的活动，那么，心理描写则直接披露人物的内在隐秘世界。它们的互相结合，就能够使人物形象更为真实、完整、丰满而且深刻，因而也更加富有艺术感染力。在心理刻画时，要注意捕捉人物内心的变化，尤其是那些一闪即逝的心灵波动。在描述心理变化轨迹时，要做到波澜起伏、跌宕多姿。

同时，写好人物还一定要注意以下几个方面：

1.抓住典型事例，突出人物性格

人物的思想品质和性格特征是通过一件具体的事例体现出来的，所以，写人一定要抓住最能反映人物性格特征的典型事件来写。

这里的"典型事件"并非一定是轰轰烈烈的大事，有时，一件小事也能反映一个人的品质。有时，恰恰是一些平凡小事，才更能让人信服。

2. 通过言行描写，体现人物个性

常言道："听其言，观其行，知其人。"也就是说，想了解一个人的"特点"，就要留心观察他在做事过程中的音容笑貌、举止动作，找出他与众不同之处，也就抓住了他的"特点"。另外，需要注意的是，你所写的人物语言，一定要符合人物身份，不能一个八十多岁的老奶奶用官员的腔调来说话。

另外，行为也是体现人物性格的一个方面，因为，人的行动是由思想来支配的。描写人的行为，一定要仔细观察，用词准确。

3. 刻画心理活动，达到表里如一

在描写人物时，对人物内心活动的描写是很重要的一个方面。只有把所要描写人物的内心把握准确，才能表里如一地刻画人物。

4. 写人物抓特点，切勿千人一面

我们知道，世界上这么多人，但我们依然能准确地区分出每个个体，这就说明人和人之间还是存在差异的。我们在写人时要准确地抓住这些差异，而不是"一个鼻子一张嘴，两只眼睛两条腿"这样泛泛地写。抓住个性，写人才不会出现千人一面的情况。

常见失误

写人记事，是记叙文体的一大特色，但很多学生直到高三还写不出较好的文章，原因之一，就是忽略了对人物形象的细致刻画，简单地把人物当成是事件的载体，以致失去了人物形象最可贵的丰富性、生动性，最终也使文章陷入了平淡无味的俗套。

我认为，要刻画好人物形象，除了必须留心观察生活，广泛阅读优秀作品之外，有必要对以下几方面加深认识。

误区一：人物特征公式化

文章贵新。既是指立意、题材的新颖，同时也包含了人物形象的新鲜感，亦即文学理论中所说的典型性。

  茅盾的小说《子夜》能经常抓住人物的内部特征，加以强调，进行精心的肖像勾画，借描写人物的外在特征，以展示人物的内心世界，小说的主人公吴荪甫是"紫酱色的一张方脸，浓眉毛，圆眼睛，脸上有许多小疱。"这和这位民族资产阶级的典型、工业巨头刚愎的性格是相称的。然而，买办资产阶级典型、公债大王赵伯韬，则是"四十多岁，中等身材，一张三角脸，深陷的黑眼睛炯炯有光……"这肖像就明显地暴露了其老奸巨猾、流氓成性的内心世界。再如，作品中描写的愚笨而又凶残的曾家驹，是"野马似的一张长脸，却又是缩鼻子，招风大耳朵，头发像鬃刷。"还有屠维岳："他挺直了胸脯，他的白净而精神饱满的脸儿上一点表情也不流露，只有他的一双眼睛却隐隐的闪着很自然而机警的光芒。"这就会使读者联想到这个工贼惯于装模作样的本性。

  而我们很多学生在描写人物的时候往往堕于公式化，只对人物作简单的粗线条的描绘，心中只想着"他（她）""干了什么事"和"怎样干"，全然没有考虑要表现"他（她）"的特征，于是写出来的人物总有点"大众口味"，写上几遍，就分不清"甲"与"乙"。例如，在外貌描写方面，都是"一张苹果脸""一双黑眼睛""乌黑的头发"，动作描写上，不是"走来、跑去"，就是"拿起、放下"，写不出特征，看不出个性，自然无法塑造出鲜活的人物形象。

  班上五十个同学，就应该有五十张不同的脸孔，只要我们能够细心观察并善于捕捉，就不难发现他们各自拥有的特征。举例说，甲同学的鼻梁特别高挺，走起路来像一阵风，乙同学的睫毛长而密，干什么事都是慢条斯理，丙同学的眼球黑白分明，说话比放枪还快。几个"人物"的特征泾渭分明，拿其中一人的就不可能全班都适合。只有做到这样，人物的形象才可以避免千篇一律。

  因此，要使写出来的人物生动形象，一定要抓住人物各方面的特征去刻画，在诸多"形象"中糅合出一两点，加以合理的想象和必要的艺术加工，再在选择词语上认真推敲，千万别抱着舍难求易，让人物"走过场"的惰性心理。

误区二：缺乏生动的细节描绘

  上面说过，一般学生描写人物的方法都是粗线条的，缺乏生动的细节描绘，还以为这是"细枝末节"，是"闲闲之笔"，殊不知细微之处见精神，很多成功的人物形象正是因为某些"细节"而令人叫绝的。《背影》中"父亲"买橘子的细节，感人至深，催人泪下；《藤野先生》里面的清国留学生"盘辫""顶起学生制帽""形成一座富士山"的描绘，让人忍俊不禁又发人深省；奥楚蔑洛夫警官"脱、穿"军大衣的动作就是反映其思想性格的"点睛"之笔；孔乙己"分派茴香豆"的细节同样将他的迂腐而不失善性表现得淋漓尽致。

没有细节描绘,就像一棵树没有了枝叶,一个公园少了花草,不仅仅是某种遗憾,更削弱了其内涵,对于人物,便只见其躯干,难见其神韵。

写好细节,可立足于细致观察,一颦一笑,举手投足,把其不为人注意的地方挖掘出来,见人之未见,发人之未发,充分展示由小见大的独特魅力。也可以开动活泼的想象思维,利用情节的发展为引子,镜中画画,亦步亦趋,一旦触发灵感,也可以收到意想不到的艺术效果。经过反复训练,日积月累,某些细节运用起来便得心应手。这样,比绞尽脑汁搜集词语张贴大言大行营造出来的人物要感性得多,也更接近于艺术创作。

误区三:言行不一,表里不一

所有关于人物的刻画描绘,都是为了突出人物的思想性格,因此,在刻画人物形象的时候,如果排除开文学创作中人物存在"两面性"或"多重性"等艺术表现手段,作为中学生,力求写出人物言行一致,表里如一,还是有必要强调的。

让我们透过一些"人物"去印证这个道理。《子夜》中的大资本家吴荪甫的语言多命令式,短促、强硬、斩钉截铁,毫不含糊。"立刻""一定"等词语经常出现在他的言语中,这是他刚愎、果敢性格所决定的。他对屠维岳说:"维岳,'不一定'我不要听,我要的是'一定'!"不仅对他的部下如此,就是与杜竹斋等人的谈吐中,也时常出现这种言词和语气。为了吃住朱吟秋的茧子,他曾说:"不行——竹斋!不能那么消极!""竹斋,一定不能消极!"这些强硬、狠毒的言词,突出地表现了这位民族资本家刚愎而又残暴的本质。

当然,以中学生的写作经验,刻画人物形象要求面面俱到是不可能的,某些地方存在不协调、不和谐的现象是不可避免的,但是切莫犯张冠李戴、自相矛盾的毛病,始终要体现人物的客观性、一致性。这样,就要求在构思人物形象的时候,首先依据文章主题确立人物的思想性格,在具体表述过程中,注意人物的言行、动作神态,甚至外貌心理等要素都要保持着内在本质上的联系。

当然,人物形象只不过是反映文章中心的一个因素,无论怎样细腻的刻画,都要以表现文章的中心思想为目的,一旦脱离了方向,便如空中造阁,海上栽花,无所依附,成为多余的饰物,更无具体意义可言。

名作赏析

作者撷取了几个生活镜头，刻画了冼星海坚强的意志和伟大的气魄，也表达了作者对人民音乐家冼星海的崇敬和怀念之情。在漫漫人生旅途中，冼星海积极的生活态度与人格魅力如一盏明灯，为作者，也为我们照亮了前程。

忆冼星海

茅盾

第一部分（1—5段）：想象中的冼星海。

第二段：曾听《黄河大合唱》，心灵受到洗礼。

第三段：想象中和现实中的冼星海迥然不同。

第四段：一幅极富神韵的木刻。

①和冼星海见面的时候，已经是在听过他作品的演奏，读过了他那玩语言的自传以后。

②那一次我所听到的《黄河大合唱》，据说是小规模的。那次演奏的指挥是一位青年音乐家，朋友告诉我，要是冼星海自任指挥，演奏当更精彩些。但我得老实说，尽管是"小规模"，可是那一次的演奏还是十分美满的。我应当承认，这开了我的眼界，使我感动，老觉得有什么东西在心里抓，痒痒的又舒服又难受。那伟大的气魄自然而然使人发生崇高的情感，光是这一点，也就叫你听过一次，就像灵魂洗过澡似的。

③从那时起，我便在想象：冼星海是怎样一个人呢？我曾经想象他该是木刻家马达那样一位魁梧奇伟、沉默寡言的人物。可是朋友又告诉我：不是，冼星海是中等身材，喜欢说笑，话匣子一开就会滔滔不绝。

④我见过马达的一幅木刻：一人伏案，执笔沉思，大的斗篷显得他头部特小，两眼眯紧如一线。这人就是冼星海，这幅木刻就名为《冼星海

作曲图》。木刻家的用意不在"写真",而在表现冼星海作曲时的神韵。<u>它还远不能满足我的"好奇"</u>。而这,直到我读了冼星海的自传,才得到部分的满足。

⑤从冼星海的生活经历,我了解了他的作品为什么有这样大的气魄。他做过饭店堂倌,咖啡馆杂役,做过轮船上锅炉间的火夫,浴堂的打杂,也做过乞丐。什么都做过的一个人,有两种可能:一是被生活所压倒,虽有抱负,只成为一场梦;一是战胜了生活,那他的抱负不但能实现,而且必将放出万丈光芒。"星海就是后一种人!"——我当时这样想,仿佛我和他已经是很熟悉的了。

第五段:一篇历尽艰辛的自传。

⑥大约三个月以后,在西安,冼星海突然来访我。

第二部分(6—9段):长谈时的冼星海。

⑦那时我正在候车南下,而他呢,在西安已住了几个月,即将经过新疆而赴苏联。当他走进我的房间,自己通了姓名的时候,我吃了一惊,"呀,这就是冼星海么!"我心里这样说,觉得很熟识,而也感得生疏。和友人初次见面,我总是拙于言词,不知道说些什么好,而在那时,我又忙于将这坐在我对面的人和马达的木刻中的人作比较,也和我读了他的自传以后在想象中描绘出来的人作比较,我差不多连应有的寒暄也忘记了。然而星海却滔滔不绝说起来了。他说他刚出来,就知道我进去了,而在我还没到西安的时候就知道我要来了;他说起了他到苏联去的计划,问起了新疆的情形,接着就讲他的《民族交响乐》的创作。我对于音乐的常识太差,静聆他的议论(这是一边讲述他的《民族交响乐》的创作计划,一边又批评自己和人家的作品,表示他将来致力的方向),实在不能赞一词。岂但不能赞一词而已,他的话我记也记不全呢。可是,他那种气魄,

第七段:一次刻骨铭心的长谈,使得作者与他从似曾相识到一见如故,直至终生难忘。

095

却又一次使我兴奋鼓舞，和上回听到《黄河大合唱》一样。拿破仑说他的字典上没有"难"这一字，我以为冼星海的字典上也没有这一个字。他说，他以后的十年中将以全力完成他这创作计划；我深信他一定能达到。

⑧我深信他一定能达到。因为他不但有坚强的意志和伟大的魄力，并且因为他又是那样好学深思，勇于经验生活的各种方面，勤于收集各地民歌民谣的材料。他说他已收到了他夫人托人带给他的一包陕北民歌的材料，可是他觉得还很不够，还有一部分材料（他自己收集的）却不知弄到何处去了。他说他将在新疆逗留一年半载，尽量收集各民族的歌谣，然后再去苏联。

⑨现在我还记得的，是他这未来的《民族交响乐》的一部分的计划。他将从海陆空三方面来描写我们祖国山河的美丽、雄伟与博大。他将以"狮子舞"、"划龙船"、"放风筝"这三种民间的娱乐作为他这伟大创作的此一部分的"象征"或"韵调"（我记不清他当时用了怎样的字眼，我恐怕这两个字眼都被我用错了。当时他大概这样描写给我听：首先，是赞美祖国河山的壮丽、雄伟，然后，狮子舞来了，开始是和平欢乐的人民的娱乐——这里要用民间"狮子舞"的音乐，随后是狮子吼，祖国的人民奋起反抗侵略者了）。他也将从"狮子舞"、"划龙船"、"放风筝"这三种民族形式的民间娱乐，来描写祖国人民的生活、理想和要求。"你预备在旅居苏联的时候写你这作品么？"我这么问他。"不！"他回答，"我去苏联是学习，吸收他们的好东西。要写，还得回中国来。"

⑩那天我们的长谈，是我和他的第一次见面，谁又料得到这就是最后一次啊！"要写，还得回

第八段：展现了一个真正音乐家的坚强意志和伟大气魄。

苏联：指前苏维埃社会主义共和国联盟，1991年解体。

第九段：看到了一个人民音乐家的严谨态度与敬业精神，展现了冼星海短暂而辉煌的人生。

中国来！"这句话，今天还在我耳边响，谁又料得到他不能回来了！

⑪这也就是为什么我在写这小文的时候还觉得我是在做噩梦。

⑫我看到报上的消息时，我半晌说不出话。

⑬这样一个人，怎么就死了！

⑭昨晚我忽然这样想：当在国境被阻，而不得不步行万里，且经受了生活的极端的困厄，而回莫斯科去的时候，他大概还觉得这一段"傥来"的不平凡的生活经验又将使他的创作增加了绮丽的色彩和声调；要是他不死，他一定津津乐道这一番的遭遇，觉得何幸而有此罢？

⑮现在我还是这样想：要是我再遇到他，一开头他就会讲述这一段颠沛流离的生活，而且要说，"我经过中亚细亚，步行过万里，我看见了不少不少，我得了许多题材，我作成了曲子了！"时间永远不能磨灭我们在西安的一席长谈给我的印象。

⑯一个生龙活虎般的具有伟大气魄，抱有崇高理想的冼星海，永远坐在我对面，直到我眼不能见，耳不能听，只要我神智还没昏迷，他永远活着。

第三部分（10—16段）：记忆中的冼星海，表达了作者对他深深的敬仰与怀念之情。

选自《茅盾全集》

1.作者在回忆冼星海的过程中，既写了想象中的冼星海，也写了冼星海留给他的印象。阅读文章，填写表格。

回忆	想象、印象
听《黄河大合唱》	①
读冼星海的自传	②
③	气魄伟大，好学深思，热爱祖国

2.阅读画线句子，结合文章内容，揣摩作者"好奇"的原因和内容。

①"好奇"的原因：

②"好奇"的内容：

3.简要分析作者是怎样把只见过一面的冼星海描写得生动而感人的。

4. 作者在写与冼星海见面之前，先写了他想象中的冼星海，这样写有什么作用？作者在见到冼星海后，为什么"觉得很熟识，而也感到生疏"？

5. 对冼星海之死，作者表现出了无限的伤悲之痛，作者是怎样表述这种情感的？

6. 作者在结尾处说："只要我神智还没昏迷，他永远活着。"你认为应该怎样理解这句话？

文章通过对冼星海的回忆，赞扬了冼星海高尚的情操、真挚的爱国情感和音乐才华，表达了作者对人民音乐家冼星海的崇敬和怀念之情。本文将冼星海的人物形象刻画得形象生动，作者颇具匠心，为传记类文章写作做出了很好的指导：

一、围绕主题选择材料

听《黄河大合唱》、看冼星海木雕像、西安见面以及听到他不幸逝世的假想，看似不连贯的材料，实际上都紧扣文章中心，为表现主题服务。

二、通过多种描写手法来展现人物性格

正面描写和侧面描写相互结合，完整表现了一位人民音乐家潇洒和从容的形象。文章通过对冼星海的回忆，赞扬了冼星海高尚的情操、真挚的爱国情感和音乐才华，表达了作者对人民音乐家冼星海的崇敬和怀念之情。

山重水复疑无路，柳暗花明又一村

跟陶纯学写跌宕起伏的记叙文

导师简介

陶纯，男，山东聊城人，毕业于解放军艺术学院文学系、鲁迅文学院首届全国中青年作家高级研讨班。著有长篇小说《芳香弥漫》《阳光下的故乡》等4部，小说集《雨中玫瑰》等3部，另有电视剧本《我们的连队》《红领章》《雄关漫道》（均与人合作）等。作品曾两次获得中国人民解放军文艺大奖，还曾两次获"全军新作品奖"一等奖，以及《人民文学》杂志优秀作品奖、全军优秀编剧奖等奖项。

写作指导

林纾在《春觉斋论文》中说："为文不知用旋转之笔，则文势不曲。"清代文人袁枚也说："凡做人贵直，而作文贵曲""文似看山不喜平"。他们都是在说写文章尤其是写记叙类文章最好要做到结构曲折多变，跌宕起伏。时而山穷水尽，时而柳暗花明，时而落崖惊风，时而小桥流水，引得读者随着情节起伏、人物悲喜或屏息凝神，或蹙眉动容。心之所系，得意忘形。

一般说来，初学写作者对于记叙类文章写作的基本要求是能掌握好的，但大多数人的文章显得平淡无奇，缺乏吸引力，这除了跟一定的生活积累和一定的文字功底有关外，还跟作者在设置文章波澜方面的技巧缺乏很有关系。下面笔者就如何把记叙类文章写得波澜起伏这个方面来重点介绍一些较为实用的方法。

一、扣人心弦——悬念法

悬念法，是指在文章开头或文章中，设置疑团，不加解答，引起读者关注，激起读者急切地往下读的兴趣，直至读完全文才恍然大悟似的一种技巧。由于人本有追根问底的天性，而悬念法恰能把这一心理欲望激发出来。所以，悬念法是最容易取得引人入胜效果的方法之一。

如陶纯的电视剧本《雄关漫道》，开头写道："一队衣衫褴褛的红军士兵反绑着双手，被保卫局的人押过来，在凶狠的叫骂声和命令声中，他们在山脚边一字排开，背过身去……所有的人都知道，又有一场血腥的场面将要出现。脸上有一道疤痕的保卫局长跑去向湘鄂西中央分局书记、军委分会主席夏曦报告，说昨夜开小差的二十八个人捉回了二十三个。身材消瘦矮小的夏曦骑在马上，脸色铁青，目光冷硬，嘴唇边的一缕稀疏的小胡子不停地哆嗦。良久，他抬起头来，冷冷地望一眼山顶上正在飘浮的一团乌云，突然挥了挥马鞭子，从牙缝里挤出四个字：'统统枪毙！'"读者不禁会想：这些红军士兵为什么要逃？他们又是怎么被抓住的？这是在什么样的背景下发生的？这些都给读者造成了很强的悬念，吸引读者到下文中去找答案，使小说一开头就有一种吸引人的强大力量。

二、节外生枝——误会法

误会法，是指利用时间、地点、人为因素，故意造成人物间的误解，为情节发展推波助澜，丰富情节戏剧性的一种表现技巧。误会法常常让本来能按常理发展的事情节外生枝，而文章就在这生枝之处显示出情节和主题的精彩。

如有一篇《买壶》的文章，写爷爷在集市上买了把水壶，奶奶问爷爷试过没有，漏不漏，爷爷刚拿起水瓢要试，打开壶盖一看，愣住了，放下了水壶。奶奶见此情景，就唠叨开了："这死老头子，都七老八十了的人了，还这么毛手毛脚的，买把壶也是漏的！"奶奶还没说完，爷爷早提着壶出门了。天擦黑的时候，爷爷回来了，脸阴沉沉的，奶奶不放心，叫我跟了去。爷爷来到集市上，找到卖主，刚说了句："同志，这是你卖给我的一把壶……"那人误以为爷爷要换壶，就指了指墙上"商品出售，概不退换"的红纸条。爷爷说："壶里有250元钱。"爷爷的话音还未落，那人就站了起来，抓着爷爷的手，连声道谢。后来，奶奶得知此事，才明白真相。文中，奶奶对爷爷有多次误解，售货员对爷爷也有误解。这些误解，都增加了文章的波澜，也更突出了爷爷拾金不昧、急人所急的品质。

三、出奇制胜——巧合法

巧合是指在文章中设置事件的偶合或人物的奇遇，在看似偶然的巧合中隐藏着一种必然。这是一种出奇制胜的方法，既增添了文章的戏剧性，又更加鲜明地反映了事物的本质。

有一篇《买牛》的文章，写由于家庭贫穷，哥哥三十多岁了还没有找到媳妇，母亲自然十分着急，好不容易托一个能说会道的媒人找到一个愿意嫁过来的姑娘，但要求5000元的彩礼。母亲东奔西走，只借了2000元，还差3000，母亲决定让"我"和哥哥一起去卖牛。牛也顺利地卖给一个老汉，卖后哥哥却又主动告诉老汉自己卖的牛曾得过烂蹄病，并同意老汉退牛，最后又把经纪人拿走的那100元也送给了老汉。由于哥哥"老实"，好端端的一桩婚事又要告吹了。我埋怨哥哥，母亲也为哥哥不能娶上媳妇而再次流下了伤心的眼泪。此时，作者安排了一个使人物命运柳暗花明的巧合，那买牛的老汉，原来正是姑娘的父亲，哥哥未来的老丈人。老人看上了哥哥的"心地好，诚实守信"，决定不要彩礼，把姑娘嫁过来，这就使文章顿生波澜，善良诚实的哥哥终因善良而改变了命运，过上了幸福的生活。

四、出人意料——陡转法

所谓陡转，是指在记叙事件时，有意顺着一个方向铺陈渲染，把读者的注意力和情感完全引得朝一个方向行进，层层发展，直至顶点，然后陡转骤折，让一种"意料之外，情理之中"的结局强烈地震动读者，从而取得一种异乎寻常的效果。

如《池塘灯影》，写"我"深夜苦读，不免烦躁，偶然发现，池塘对面五层楼上中间的一个窗户闪烁着不变的光芒。"每到入夜，最先亮起，每到夜深，其他房子都已合上夜的眼睛后，唯独它还睁大着眼睛——不知疲倦的眼。渐渐，我产生了一种竞争心理，看谁熬夜熬得久。但每次我都熬不住瞌睡，先躺倒了，不过，这竞争倒帮了我一个大忙，我顺利地通过了几门课程的结业考试。"毕业那天晚上，路过池塘边，又瞥见了那盏灯。"我"的心底里忽然萌生了一个念头，把我成功的喜悦给那灯下的竞争者分享。"——如果是老年人，中年人，我就送一句祝福，如果是一个豆蔻年华的青年，我就……当"我"气喘吁吁地上到五楼，"心跳了一阵，脸红了一阵，终于大着胆子推开门"时，文章也就到了结尾："啊！那是公共洗脸间的一盏灯！"只此一句，令人始料不及。在心灵震撼之余，似乎还有几丝遗憾，几多惋惜。这就是意外之笔的效果，于陡转之间给人无尽的想象、回味余地。

五、曲径通幽——抑扬法

抑扬手法常用的有"欲扬先抑"或"欲抑先扬"。人们认识事物总有个过程，开始时，因为了解不全面，就容易产生误解，等了解深入后就会改变认识。这个中的曲折性便是抑扬手法的认识根据。我们的文章以赞扬为主，所以以"欲扬先抑"方法常用。

如杨朔的《荔枝蜜》，一开始就写自己幼年时被蜜蜂蜇了一次，于是觉得"蜜蜂是画家的爱物，我却总不大喜欢"。后来知道蜜蜂蜇了人，自己也会耗尽了生命时，就原谅了它，但感情上还是疙疙瘩瘩的总不舒服。再后来因为喝了荔枝蜜，并且看到了蜜蜂的辛勤劳动，就开始喜欢并赞扬蜜蜂的精神，最后还梦见自己变成了一只小蜜蜂。开头先对蜜蜂抑，继而不写蜜蜂而写从化的荔枝，这似断实连，先抑后扬的写法就构成一个波折，使文章曲折有致，摇曳生姿，有曲径通幽之美。

六、烘云托月——铺垫法

为了取得较好的表达效果，对要写的人和事先不直说，而是先做种种铺垫，给人以千呼万唤始出来的感觉，与此同时，往往不惜笔墨，渲染气氛，烘云托月，再入妙境，这种手法，往往具有"山外有山山更高"的表达效果。

刘鹗的《明湖居听书》主要写白妞高超的歌唱艺术，作者作了层层铺垫和渲染：先写听众到场之早之多，气氛之热烈，使我们感到演唱者技巧肯定不凡；再写琴师和黑妞的技巧和听众的评价，使白妞未出场就在听众心中留下了难忘的印象。最后才是对白妞演唱的精彩描写。这层层铺垫渲染，使白妞的形象更加鲜明突出，使文章高潮迭起，令人拍案叫绝。

此外还可以通过对比、蓄势、插叙、擒纵、张弛等法构成文章的波澜。当然一篇文章往往不只用到一种方法，而是法无定法，综合利用。另外，值得注意的是，情节的波澜是由生活本身的复杂性决定的。因此我们写文章时，要在符合情理的情况下追求行文的曲折多变，不可为曲而造曲，以致违背事理，贻笑大方。因此，我们在把记叙文写得有波澜的同时一定要注意两点：第一，注意情节的合理性，不故弄玄虚；第二，注意为刻画人物、表现主题服务，这样才能使文章真正在一波三折中扣人心弦，曲尽其妙。

常见失误

误区一：平铺直叙

文章平铺直叙，指的是对事情的起因、发展、结局这些环节缺少精心设计，一、二、三、四如实道来，平平淡淡，经不起回味。叙述没有阶段性，情节少起伏变化，看了开头就知道结尾，没有悬念，引不起阅读兴趣。

误区二：胡编乱造

不少同学在作文中有这样的问题：过分虚张声势，故弄玄虚。或缺少由扬而抑（由抑而扬）的根据，或缺少由扬而抑（由抑而扬）转折的合理性，或不能处理扬与抑的内在联系，缺少相通的桥梁。

误区三：巧合不符合生活真实，与主题无关

巧合能使作品引人入胜但要注意情节的真实性。恩格斯指出"所谓偶然的东西是一种必然性隐藏在里面的形式"。因此设置巧合要注意符合生活逻辑，符合人物性格，才能使文章的内容显得真实可信，有力地表现主题。

误区四：不讲顺序，缺乏时空转换

有的同学提笔就是按时间、地点、人物，事件的起因、经过、结果来写文章，这种按顺叙结构文章的方法处理不好就会给人俗套之感。如果能够开篇用倒叙、中间用插叙或者是补叙的方法来构思，文章的时空就会随之转换，内容就会立体呈现。文章的记叙顺序灵活多变，结构也就会灵活多变。

误区五：不分详略，平均花费笔墨

如果在行文前就考虑文章材料的详略安排，那么自然就会避平均花费笔墨之讳。不少同学动笔之前缺乏精心构思，尤其是详写的细节问题更是少有考虑，因此表现出来就是文章面面俱到，眉毛胡子一把抓。

误区六：不设悬念（铺垫），缺少张弛开合

巧设悬念、善用铺垫，会使文章的内容和情节跌宕起伏。一般说来，文章各部分内容总是有些紧张或生动的，有些平淡或舒缓的，如果能够把那些紧张生动的和平淡舒缓的部分穿插开来，或者设悬念、埋伏笔，就会使得文章显得张弛有度，悬念迭生。

名作赏析

痕

陶纯

①那是一座面积不大的街心公园，栽种着一些随处可见的树木和花草，园子中间矗立着一尊大理石雕塑，是一个手擎和平鸽的女人，有几张石凳散置在树下和甬道边。

②二十年前，这里并没有这个街心公园。刘汉泰清清楚楚地记得，二十年前，这里是一片杂乱的居民区，道路狭窄，污水四溢，路灯很少有亮的时候。二十年后，这里却大变样了，周围一幢幢新楼拔地而起，宽阔的道路中间，这座绿意盎然的街心公园十分醒目。

③刘汉泰每天都路过这里。无论是清晨还是傍晚，他常常见到那张熟悉的面孔。起初他不相信自己的眼睛，后来终于辨别出来了，那个久久枯坐在一张石凳上闭目养神的老人不是别人，正是当年差点置他于死地的刑警老马。

④二十年前，刘汉泰是个来无影去无踪的神秘人物，他既偷且抢，屡屡得手，本地好几桩有名的案子都与他有关。相当长的时间里，公安局拿他毫无办法。即便是黑道中人十分惧怕的刑警老马，也是奈何他不得，他像一条狡猾的章鱼，数次从老马的枪口下滑脱。

⑤但最终，他还是栽在了老马手里。

⑥那是一个寒冷的冬夜，他席卷了一家小商

第①段：描写了一个宁静的公园。

1. 第①段对街心公园的描写有何作用？

第②段：写公园今昔景象的变化。

第③段：设置悬念，引出刑警老马。

④段至⑦段：叙述老马和刘汉泰警匪之间的故事。

2. 第⑤段在文中有什么作用？

店，快速逃离，逃到这片杂乱无章的地方来。他正陶醉在又一次得手的喜悦中时，老马却从一条小巷子斜刺里杀出来，挡住了他的去路，他心说"不好"，扭头就跑，老马跑得比他还快，不一会儿就追上了他。他当然不甘心束手就擒，见没有退路，他凶相毕露，突然掏出腰间的牛耳尖刀，猛地刺向老马。老马闷哑地叫了一声，倒在地上。但是，他仍然没有逃脱——在他跑出几米远时，老马手中的枪响了，他觉得左腿一软，瘫倒在地。

⑦后来，他被判处死缓，由于他在狱中表现尚可，死神才没有降临在他的头上。

⑧春天里，他服刑期满，每天蹬着三轮车，到这座街心花园前面不远处的一家集贸市场摆摊卖海产品。挣了些钱后，就在市场边租了两间房，开了个海产品公司，专门倒腾海货，生意居然很红火。因此，他对如今的生活很满意。既然不担风险又能挣到票子，也就用不着再去偷再去抢了。

⑨秋末的一个傍晚，他打的离开公司回家。由于刚刚做成一笔生意，狠狠赚了一家伙，他的心情格外舒畅。路过那座黄叶飘舞的街心花园时，他又看到了那张熟悉的面孔。于是他大声吩咐司机停车。

⑩对于这位曾经给过他致命一击的刑警老马。刘汉泰是不会忘记的。时至今日，他左腿上的那个枪眼还赫然在目，并且走起路来一跛一跛的，老马留给他的纪念一辈子都抹不掉了。老马微眯着眼，枯坐在大理石像不远处的一张石凳上，双手撑着一根拐杖。园子里除了几个刚放学归来在此玩耍的孩子外，没有别的人。

⑪刘汉泰估计老马也就是六十出头，但看上去却要苍老得多。<u>老马满脸刀刻般的皱纹，呼吸声像一架老式风箱发出的声音，站在五米之外的</u>

第⑧段：交代出狱后刘汉泰的生活状况。

⑨段至⑫段：写刘汉泰与老马再次相遇时的心理活动。

3.文中画线句子有什么深刻含义？

<u>刘汉泰听得清清楚楚。</u>没出来时，刘汉泰常常听到那些栽在老马手下的弟兄扬言，出狱后要找老马算总账。他也曾有过这种隐秘的念头。

⑫但现在，刘汉泰抽动着嘴角，无声地笑了。现在，他刘汉泰不是过得好好的吗？而老马，那个身手敏捷得像一只豹子，黑道中人畏之如虎的刑警老马，已经成了一个行将就木的老人！刘汉泰开心极了。

⑬段至⑮段：记叙老马和刘汉泰之间的对话。

⑬刘汉泰以为老马睡着了，仔细看时，却发现老马微眯着的眼睛里，依然有光线漏出，在他身上萦绕。他的笑容随即凝固在嘴角，为了掩饰自己的尴尬，刘汉泰问，你……你还认识我吗？老马一动不动，喘着粗气说，很多人像你这样问我，太多了，我记不清了。

⑭刘汉泰挽起裤脚，露出左腿上那个醒目的疤痕。老马摇摇头，说腿上吃过我枪子儿的人太多了，我记不清了。刘汉泰报出家门，老马眼睛一亮，表示想起来了。然后，他松开拐杖，掀起衣衫，指着左肺部的一条刀疤说，这是你给我留下的，再往这偏一点点，我就没命了。刘汉泰愣怔着，他看到老马身上有许多疤痕，各种形状的疤痕。老马又说，你那个疤不算啥，我身上有十一处，不信，你过来数数。

⑮刘汉泰只觉得眼花缭乱。他听到老马又咕哝道，要是每次我枪口再往上抬半寸，很多人脑壳就碎了，你也是。老马闭上眼睛，边说边抬起右手，食指做了个搂枪机的动作。

4. ⑯段中画线句子有何深意？

⑯<u>在夕阳的余晖里，刘汉泰突然感到眼睛一阵眩晕，仿佛他的脑壳真的被老马击碎了。</u>

——（选自《60年小小说精选》，有删改）

1. 这篇小说在构思上匠心独运，特点鲜明，请简要分析其结构特点。
2. 小说标题"痕"意蕴丰富，试作探究。
3. 刑警老马有哪些特点？请简要概括。
4. 下列对小说有关内容的分析和概括，恰当的两项是（　　　　）

A．街心公园绿意盎然，祥和宁静，小说开篇这样写，既交代了人物的活动环境，又暗寓小说的主题：这样的环境是老马他们的努力换来的。

B．身手敏捷、令黑道中人畏之如虎的老马步入老年后常常"枯坐"在一张石凳上。小说中两处运用"枯坐"一词体现了作者对老马的同情。

C．看到老马成了一个行将就木的老人，刘汉泰"开心极了"，这说明刘汉泰此时对老马的感情已由先前的仇视变为喜欢，而且喜欢是由衷的。

D．"刘汉泰突然感到眼睛一阵眩晕，仿佛他的脑壳真的被老马击碎了"一句，既写出刘汉泰对当年之事的心有余悸，又写出了他此时对老马的敬畏。

E．小说以"痕"为题目，意蕴丰富："痕"指老马为捉拿罪犯而在身上留下的各种形状的疤痕，作者以此为题主要抨击了刘汉泰之类罪犯的凶残。

《痕》一文记叙了警匪之间的恩怨往事。

小说并没有着重渲染歹徒的狡猾凶恶狠毒，也没有铺陈警察的足智多谋勇敢刚毅，而是将笔墨主要放在二人多年后的意外相逢上，通过交代刘汉泰与老马的生活现状、二人对话以及刘汉泰的心理活动，来传达作者的人生感悟，引发读者的思考。并且胜在情节安排上，有多处巧妙匠心，值得我们学习：

第一，叙事顺序采用倒叙。小说先从现今的街心公园写起，通过街心公园二十年来的今昔巨变，将时间倒回到二十年前，自然地切换到了追忆中，开始记述从前发生在这里的警匪故事，避免了平铺直叙的一马平川。

第二，设置悬念，引起阅读兴趣。"那个久久枯坐在一张石凳上闭目养神的老人不是别人，正是当年差点置他于死地的刑警老马"，先交代二者间的人物关系，但不点透，引导读者继续往下阅读，逐步解开人物间的恩怨情仇，使得情节张弛有度，引人入胜。

第三，出人意料，情节陡转。本文在记叙事件时，有意渲染刘汉泰要报复老马，把读者的注意力引得朝复仇的方向行进，层层发展，如"园子里除了几个刚放学归来在此玩耍的孩子外，没有别的人。"再比如"刘汉泰常常听到那些栽在老马手下的弟兄扬言，出狱后要找老马算总账。他也曾有过这种隐秘的念头。"然而情节陡转骤折，文中"老马闭上眼睛，边说边抬起右手，食指做了个搂枪机的动作",仿佛老马依然身手敏捷,而刘汉泰却"突然感到眼睛一阵眩晕,仿佛他的脑壳真的被老马击碎了。"这都是作者的巧妙用心,以刘汉泰为视角来写主人公刑警老马,以刘汉泰来反衬了老马的高大形象,而且使老马这一人物更加真实可信。这种"意料之外,情理之中"的结局,强烈地震撼读者,从而取得一种异乎寻常的效果。

文章富含象征义，辞微旨远耐寻味

跟巴金学写富于象征意味的记叙文

导师简介

巴金（1904—2005），原名李尧棠，另有笔名有佩竿、极乐、黑浪、春风等，字芾甘。汉族，四川成都人，祖籍浙江嘉兴。中国作家、翻译家、社会活动家、无党派爱国民主人士。巴金1904年生于四川成都一个封建官僚家庭，五四运动后，巴金深受新潮思想影响，并在这种思想的影响下开始了他个人的反封建斗争。1923年巴金离家赴上海、南京等地求学，从此开始了他长达半个世纪的文学创作生涯。巴金在"文化大革命"后撰写的《随想录》，内容朴实、感情真挚，充满着作者的忏悔和自省，因此被誉为"二十世纪中国文学的良心"。

写作指导

一、象征的含义

象征是艺术创作的基本手法之一。指借助于某一具体事物的外在特征，寄寓艺术家某种深邃的思想，或表达某种富有特殊意义的事理的艺术手法。

象征的本体意义和象征意义之间本没有必然的联系，但通过艺术家对本体事物特征的突出描绘，会使艺术欣赏者产生由此及彼的联想，从而领悟到艺术家所要表达的含义。另外，根据传统习惯和一定的社会习俗，选择人民群众熟知的象征物作为本体，也可表达一种特定的意蕴。如红色象征喜庆、白色象征哀悼、喜鹊象征吉祥、乌鸦象征厄运、鸽子象征和平、鸳鸯象征爱情等。运用象征这种艺术手法，可使抽象的概念具体化、形象化，可使复杂深刻的事理浅显化、单一化，还可以延伸描写的内蕴，创造一种艺术意境，以引起人们的联想，增强作品的表现力和艺术效果。象征可分为隐喻性象征和暗示性象征两种。象征不同于比喻，它比一般比喻所概括的内容更为深广，有的作品的艺术形象，甚至全用象征手法表现出来。

其概念有三层含义：

1. 用具体的事物来表现某种特殊的意义。（如苍松～坚强；火炬～光明）

2. 用来象征某种特殊意义的具体事物。（如白色是纯洁的～；火炬是光明的～）

3. 是文艺创作的一种具有假托、替代或暗示性质的表现手法，一般都是在准确把握象征体和本体内在联系的基础上，通过某种具体形象，曲折地表现某种概念或思想感情。

二、象征手法的作用及其运用

1. 象征手法的作用

一般来讲，象征手法有两种表达形式。一种是像《礁石》那样，让读者在诗与文的不言之中去意会其象征之意，一种是像《白杨礼赞》那样，直抒胸臆地点示出象征之意。象征手法包括象征体和本体两个方面，象征体和本体之间必须要有内在联系，这种联系依靠联想建立，就是从一件事物想到与之有一定联系的别的事物，也就是从本体想到象征体的相似点、相近点，从而使抽象的思想、意义、概念形象化、具体化。例如在巴金《废园外》中写道："我看看花，花开得正好，大的花瓣，长的绿叶……废墟么？不，园子已经从敌人的炸弹下复活了。在那些带着旺盛生命的绿叶红花上，我看不出一点被人践踏的痕迹。"花是青春、美好、生命的象征，"毁了的楼房"则是残败、废弃、死亡的象征。这两个形象反差鲜明，产生了浓厚的悲剧色彩。同时，作者由花及人，把花和少女自然地联系起来，想象少女倚窗望花的情景，写出年轻人的渴望；又由花的叹息和悲戚，表现少女惨死的悲哀。

象征手法的两个作用：

一是主题升华。

升华主题，是写作过程中丰富和深化主旨内涵，提高主旨意义的重要一环。唐代孙樵在《与友人论文书》中说："辞必高然后为奇，意必深然后为工。"只有主题深刻，才能揭示事物的本质，才能引导读者领略美的旨趣。象征手法就是通过相似联想，把写作内容从自然界引申到人类社会生活中来，用原先所写的那些特点来象征某种精神品质或性格，从而把主题思想提高到一个新的境界。如茅盾的散文《白杨礼赞》就是很好的一例。文章先极力表现白杨树"正直"、"朴质"、"倔强挺立"、"努力向上"的特点，然后通过相似联想，把对白杨树的描写赞扬引申到北方农民身上，进而用白杨树来象征我们民族一种可贵的"精神和意志"。这样，就通过象征的手法，把对白杨树的赞美变成了一种对民族"精神和意志"的赞美，至此，主题也就升华到一个崇高的境界。

二是含蓄美。

象征和含蓄是分不开的。象征给予人们的启示意义，不在于形象本身，而在于形象所暗示的意义，即黑格尔所说的"象征所要使人意识到的不是它本身那样一个具体的个别事物，而是它所暗示的普遍性的意义"。比如描写和平鸽，运用象征手法写作的适用范围：一是生活里有些事情比较复杂而又有深刻的意义，但一时又不易讲清楚，这时不妨用象征手法。比如，陶铸的《松树的风格》，作者以松树为象征，通过它要求于人的甚少而贡献给人的很多这一特点，生动地阐明了共产主义的高尚风格。二是由于种种原因，有些意思不便明说，于是便采用象征手法。如鲁迅的小说《药》，结尾处写到夏瑜坟上的花圈，就是作者当时不直说的内容：虽然夏瑜死了，但自有怀念他的同志会接替他把斗争继续下去。夏瑜坟上添个花圈，象征革命的力量是扼杀不了的。

2. 象征手法的运用

对比较复杂而有深刻意义的事件，运用象征手法，使抽象的事物、情感具体化、形象化；或通过某一具体形象，含蓄地表明作者的思想感情，使文章增添艺术魅力。要求：立意要明确。如《白杨礼赞》《松树的风格》等名篇一样，文章赞扬什么，或批评什么，一定要鲜明，要贯穿全文。

运用象征手法构思作文有"三要"：

一要选好"象征体"，确定象征形象。

象征体要能形象地表达出作者的思想寓意，使读者产生联想，并为他们所理解。如用"煤"、"砖"等做"象征体"——去歌颂献身精神；用"松""柏"等做"象征体"——去歌颂崇高的品德。象征形象，是表现概念、思想、感情的重要手段，是思想和意念的形象化，或心理状态的形象化。

二要明确"象征义"。

一个象征体可以包含不同的象征义，赋予它什么象征义必须十分明确，不能含糊其辞，令人费解。象征意义在文章中常用隐喻或暗示来构成。

隐喻。（本体、喻体同时出现，但用"是""成""成为""变为"等系词代替"像"一类的喻词）。隐喻是构成象征性形象的基本条件。如：屈原《离骚》中的"香草"的意象被隐喻品德高洁的人格，"美人"被隐喻为君王，或是自喻，都具有象征意义。如茅盾的《雾》运用隐喻的方式对雾、红鲤鱼等自然景象的描绘，象征了当时我国笼罩在白色恐怖之中。但是，党领导下的革命者，正发扬着大无畏的斗争精神。

暗示。（不明白地表示意思，而用含蓄的言语、示意的举动或制造某种气氛、景象使人领会，这种手法叫"暗示"）暗示的形式，也不一定都具有象征意义。但是，暗示性也是构成象征的基本条件之一。其主要特点是：通过直接再现具体事物，间接地暗示一种抽象意义。其有时用"寓意"的方法，有时用"曲笔"的方式。例：巴金《废园中》末段写雨"那是刚刚被震坏的家，屋里到处都漏雨"，有明显的象征意味，暗示了当时形势的险恶。例：茅盾的《雷雨前》以闷热的天气，暗示黑暗的社会；以雷雨闪电暗示革命力量。例：瞿秋白的《云》通过象征，暗示了旧中国"漫漫长夜"的黑暗现实；"战云"作为整体象征，暗示了黑暗统治；最后，闪现的"虹"，暗示了党领导的革命根据地。

三要根据表达需要，确定是采取全文象征，还是局部象征的方法。

如但丁《神曲》中的地狱、炼狱、天堂都具有整体象征意义；《神曲》开始部分则具有局部象征意义：诗人灵魂走进黑森林所遇见的豹，象征奢侈淫荡；狮象征傲慢；母狼象征贪婪。

常见失误

运用象征手法，讲究"情在意中，意在言外"。这种写法，不是直接明明白白地讲道理，而是使要描写的事物具有形象性的美感，要塑造出崭新意境，要巧妙地显示出一个新颖的思想意义，使读者体会出一种美来，如鲁迅的《野草》。运用象征手法，要避免以下误区：

误区一：立意不明确

如鲁迅的《雪》、高尔基的《海燕》等名篇，文章赞扬什么，或批评什么，一定要鲜明，要贯穿全文。

误区二：描绘不具体

只有对象征体作具体的描绘，才能使人透过"形"看到"神"，如果"形"

描绘得不具体，那么所颂扬的精神和意志，就只能是抽象的观念，作者的"意"也就不能形象地表达出来。高尔基正是着力描绘海燕的动作、声音，通过环境的正面渲染与海鸥、海鸭、企鹅的侧面衬托塑造了海燕自信乐观敢于拼搏的形象。如描写植物，首先要抓住植物的特征进行具体的描绘。以花为例，同样是花，春兰、夏荷、秋菊、冬梅，各显风姿。即使是同一种花，在不同季节（春夏秋冬）和不同时间（早晨、中午、晚上），其形状、颜色、气味也不相同。以颜色为例，同样是绿色，也有嫩绿、翠绿、墨绿之分。以香为例，同样是香，也分清香、淡香、浓香等。各类植物的生长都有一定的规律，一般由发芽、出叶、抽枝、开花到结果。描写的时候，就应把植物的外形特点有序地记下来。描写植物既要抓住植物的静态，又要抓住植物的动态。如《翠竹情》一文描写翠竹时，以其独特的风貌，言其静态，"它在隆冬深秋，涉霜雪，斗风雨，修直挺拔，宁折不弯；它节节刚正，竿竿应心，亭亭玉立，神采飘逸"。状其动态时："每当春风吹绿江岸，桃李争芳斗艳的时候，家乡竹园里泥土就东一块西一块地向上拱起，这是春笋听到了春风的召唤，开始萌动了。一些春笋以顽强的生命力冲破重重阻力，从泥土中钻出来，经春风滋润，一夜之间就能窜高许多。雨后的清晨，家乡的竹园分外秀美。朝阳初升，一抹金色的阳光首先照亮竹梢，高高矮矮的春笋挺着笔直的腰杆，笋叶上滚动着晶莹的露珠……"无论是描写翠竹的静态还是动态都展现出一种美的境界。

误区三：类比不恰当

所借之物和所咏之寓，或所借之物与所抒之情，要有紧密的内在联系，合乎情理。这就要找准类比点，展开联想。正是由于对海燕"勇敢""高傲"的描绘，以及"让暴风雨来得更猛烈些吧"的热情呼唤，这些恰是生活中无产阶级革命战士的真实写照，因此海燕与无产阶级战士这二者便有了契机，海燕才象征了勇敢乐观无所畏惧的无产阶级战士，尤其象征了自信乐观敢于拼搏的万丈豪情。

名作赏析

本文是一篇托物寓意的散文。写于1942年2月，其时正是太平洋战争爆发、日本人占领香港的时候，而国内的抗日战争也正处于相持阶段，抗日战争进行到最艰难的时候，人民正蒙受着深重的苦难。当时日本侵略军气势汹汹，表面上不可一世。但实际上，它在中国战场上已经疲于奔命，陷入僵持。为了摆脱困境，它不惜孤注一掷,贸然发动太平洋战争。在太平洋战场上,在中国战场上,日本军国主义表现出既疯狂又虚弱的两重性。因此,"正义的最后胜利"的信念,燃烧在人民的心中,光明与黑暗的决战必将到来。作者在散文中借"灯"这一极其普通的事物,寄托着自己对光明的赞美和向往,表明了光明必将驱散黑暗,中国人民必将最后战胜日本侵略者的执着信念。

灯

巴金

全文共13节,可分为四个部分

第一部分:1—3段。写作者从噩梦中惊醒,看到寒夜中的几点灯光。

我半夜从噩梦中惊醒,感觉到室闷,便起来到廊上去呼吸寒夜的空气。

①<u>夜是漆黑的一片,在我的脚下仿佛横着沉睡的大海,但是渐渐地像浪花似的浮起来灰白色的马路。</u>然后夜的黑色逐渐减淡。哪里是山,哪里是房屋,哪里是菜园,我终于分辨出来了。

在右边,傍山建筑的几处平房里射出来几点灯光,它们给我扫淡了黑暗的颜色。

第二部分:4—8段。从眼前的灯光回忆起以前见过的灯光,赞美它们能给寒夜中的人们以勇气和温暖。

我望着这些灯,灯光带着昏黄色,似乎还在寒气的袭击中微微颤抖。有一两次我以为灯会灭了。但是一转眼昏黄色的光又在前面亮起来。这些深夜还燃着的灯,它们(似乎只有它们)默默地在散布一点点的光和热,不仅给我,而且还给那些寒夜里不能睡眠的人,和那些这时候还在黑暗中摸索的行路人。是的,那边不是起了一阵急促的脚步声吗?谁从城里走回乡下来了?过了一会儿,一个黑影在我眼前晃一下。影子走得极快,好像在跑,又像在溜,我了解这个人急忙赶回家去的心情。那么,我想,在这个人的眼里、心上,前面那些灯光会显得是更明亮、更温暖罢。

我自己也有过这样的经验。只有一点微弱的

灯光，就是那一点仿佛随时都会被黑暗扑灭的灯光也可以鼓舞我多走一段长长的路。大片的飞雪飘打在我的脸上，我的皮鞋不时陷在泥泞的土路中，风几次要把我摔倒在污泥里。我似乎走进了一个迷阵，永远找不到出口。看不见路的尽头。②但是我始终挺起身子向前迈步，因为我看见了一点豆大的灯光。灯光，不管是哪个人家的灯光，都可以给行人——甚至像我这样的一个异乡人——指路。

这已经是许多年前的事了。我的生活中有过好些大的变化。现在我站在廊上望山脚的灯光，那灯光跟好些年前的灯光不是同样的吗？我看不出一点分别！为什么？我现在不是安安静静地站在自己楼房前面的廊上吗？我并没有在雨中摸夜路。但是看见灯光，我却忽然感到安慰，得到鼓舞。难道是我的心在黑夜里徘徊，它被噩梦引入了迷阵，到这时才找到归路？

我对自己的这个疑问不能够给一个确定的回答。但是我知道我的心渐渐地安定了，呼吸也畅快了许多。我应该感谢这些我不知道姓名的人家的灯光。

他们点灯不是为我，在他们的梦寐中也不会出现我的影子。但是我的心仍然得到了益处。我爱这样的灯光。几盏灯甚或一盏灯的微光固然不能照彻黑暗，可是它也会给寒夜里一些不眠的人带来一点勇气，一点温暖。

孤寂的海上的灯塔挽救了许多船只的沉没，任何航行的船只都可以得到那灯光的指引。哈里希岛上的姐姐为着弟弟点在窗前的<u>长夜孤灯</u>，虽然不曾唤回那个航海远去的弟弟，可是不少捕鱼归来的邻人都得到了它的帮助。

再回溯到远古的年代去。古希腊女教士<u>希洛</u>点燃的火炬照亮了每夜泅过海峡来的利安得尔的眼睛。有一个夜晚暴风雨把火炬弄灭了，让那个

第三部分：9—12段。由眼前的灯光联想到古代欧洲的两个传说和自己友人遇救的事情，说明灯光凝聚着爱心和温情，对生活的信念蕴藏在人们心中。

爱尔克的灯光：原指一个欧洲古老的故事，姐姐爱尔克等待出海远航的弟弟，因怕弟弟找不到回家的方向，总是点上一盏灯为弟弟引航，结果最终死去也没有等到弟弟回来。

115

> 希洛：古希腊传说中一个凄美的故事。美丽的女教士希洛与对岸阿拜多斯城的一位少年黎安德尔相爱。希洛每晚在楼上挂一盏明灯，为黎安德尔引路，使他安全游过赫里斯海峡，来和自己相会。不幸，在一个暴风雨之夜，希洛的明灯被风吹熄，黎安德尔即被海浪吞没，永沉海底。

勇敢的情人溺死在海里。但是熊熊的火光至今还隐约地亮在我们的眼前，似乎那火炬并没有跟着殉情的古美人永沉海底。

这些灯光都不是为我燃着的，可是连我也分到了它们的一点点恩泽——一点光，一点热。光驱散了我心灵里的黑暗，热促成它的发育。一个朋友说："我们不是单靠吃米活着的。"我自然也是如此。我的心常常在黑暗的海上漂浮，要不是得着灯光的指引，它有一天也会永沉海底。

我想起了另一位友人的故事。他怀着满心难治的伤痛和必死之心，投到江南的一条河里。到了水中，他听见一声叫喊（"救人啊！"），看见一点灯光，模糊中他还听见一阵喧闹，以后便失去知觉。醒过来时他发觉自己躺在一个陌生人的家中，桌上一盏油灯，眼前几张诚恳、亲切的脸。"这人间毕竟还有温暖"，他感激地想着，从此他改变了生活态度。"绝望"没有了，"悲观"消失了，他成了一个热爱生命的积极的人。这已经是二三十年前的事了。我最近还见到这位朋友。那一点灯光居然鼓舞一个出门求死的人多活了这许多年，而且使他到现在还活得健壮。我没有跟他重谈起灯光的话。但是我想，那一点微光一定还在他的心灵中摇晃。

在这人间，灯光是不会灭的——我想着，想着，不觉对着山那边微笑了。

> 第四部分：13段。坚信"灯光是不会灭的"，暗示抗日战争必将胜利。
>
> 四个部分中，前两个部分侧重于写灯的现实生活中的价值，后两个部分侧重于写灯的象征意义。

1. 本文写了哪几类灯？请简要概括。
2. 文章中的"灯"象征着什么？
3. 文中画横线的句子富有表现力，请加以赏析。
   ①夜是漆黑的一片，在我的脚下仿佛横着沉睡的大海，但是渐渐地像浪花似的浮起来灰白色的马路。
   ②但是我始终挺起身子向前迈步，因为我看见了一点豆大的灯光。
4. 文章最后一句"在这人间，灯光是不会灭的——我想着，想着，不觉对着山那边微笑了。"表达了作者怎样的思想感情？

《灯》是巴金先生创作于1942年的一篇散文，读着它，似乎跟着巴老又回到了他那有思维有热心的热血沸腾的青年时代。《灯》反映了巴金先生的一生追求，也反映了他"灯"的情结。与小说比较，散文并不是巴金先生的主要创作内容，但散文作为他小说创作的弥补和内容的连续，更清晰地谈出了个人的写作意图和人生情绪。在"灯"中，作者营建了一个无穷的乌黑布景，但于乌黑中却有着不可遏止的热心。热心之火无处不在，化成灯寓于每一段文字中。

　　巴金散文常用象征手法，在其人生旅途中常喜欢用灯、火（心中之灯、火）象征对新生活的信念和对光明理想的追求。象征实际是一种暗示，读者之所以能够通过想象和联想，接受作者的暗示，懂得作者是借此言彼，是因为作品中用来作为象征的具体形象，与作者所要表现的概念、思想、感情有某种相似、相近之处。巴金自己就谈到："'灯''灯光'主要的寓意是指光明，是指对光明的向往。"

　　灯本仅仅是一个具体物质，能够指路、照明。可是巴金先生笔下的灯让我们感受到光亮与期望，雪夜灯给了我们温暖力气，姐姐灯让我们看到了亲情的真诚，情人灯让我们看到了爱情的美好，恩人灯让我们感受到人道的仁慈。当然，这五盏灯并不是孤立的。正因为人世间充满了真、善、美，所以我们的心总能感受到温暖；正因为心是温热的，所以不论阅历如何挫折磨难，我们总能看到光亮与期望。由此看来，灯现已不仅仅是灯，一个具体的物质，它的意义现已升华并被赋予了另一种意义，那即是象征意义，它已成为一盏心灵之灯、精神之灯。

　　文章用象征的手法，婉转地表达了人类神往光亮、坚持信仰、正义必胜的期望，抒发生命需要精神支柱的感触。

辞若似玉盘珍珠，文便如淙淙溪水

跟苏沧桑学写辞采优美的记叙文

导师简介

苏沧桑，女，1968年生，杭州人，毕业于浙江大学，就职于浙江省作家协会。中国作家协会会员、中国散文学会理事、浙江省作家协会全委会委员、浙江省生态文化协会理事。出版散文集《银杏叶的歌唱》等，当代第一部写西溪的长篇小说《千眼温柔》等。多篇作品入选《中国最好的美文》等全国各类散文选集、散文年选，被各类选刊转载及作为全国各地中高考试题。荣获"冰心散文奖""首届路遥青年文学奖"等全国多项文学奖、散文奖。被誉为"散文中的天籁之音"，备受读者推崇，莫言、叶文玲、张抗抗、孟繁华等多位名家曾为之作序、评论、推介。

写作指导

"最好的思想，最深厚的感情，只能被最美妙的语言表达出来"（老舍语）。记叙文对语言的要求，除准确、规范、简洁、自然外还要生动形象，这是记叙文要以叙述、描写为主要表达方式决定的。所谓记叙语言的生动形象，即叙事场景有声有色，使人如临其境；写人时神态毕肖，让人如见其形；字里行间饱蘸作者情感，能打动读者的心灵。

一篇好的作文，除了需要具备深刻的主题、新颖的题材、创新的结构，还有一项重要的要求，就是语言优美靓丽，文采飞扬。在文中恰当地美化语言，特别是开头、结尾、重点段中的语言，会有力地升华主题和渲染情感，并会形成文章浓郁的个性风采，下面总结四种美化语言的方法：

一、巧妙运用修饰语言，为作文增添色彩

萧乾先生曾说："文字是天然含蓄的东西。"同样的内容，同样的构思，有的人写出来会让读者觉得苍白无力，有的就会让人觉得韵味无穷。在写作中，对所描写的事物增加恰如其分的修饰语言，使表达的内容更有立体感，如下列两个句子：

①月亮照在草原上。

②皎洁的月亮温柔地照在故乡辽阔的草原上。

第①句就让人感觉很直白，第②句加上"皎洁的""温柔地""故乡辽阔的"修饰了一下，就更形象了，整个句子就让人觉得充满了情味，意境也就出来了。

一般来说，训练学生巧妙运用修饰的语言可以采用以下两种方法：

1. 发挥联想和想象，用各种描写和拟人化的语言来修饰表达的内容，这样使表达的效果更充满情味，也使文章精彩纷呈。

①我站在爷爷的灵柩前，泪水爬满了我的脸。

②我站在爷爷的灵柩前，泪水肆无忌惮爬满了我的脸。

第②句加上"肆无忌惮"，充满了情味，写出悲伤的深度。

2. 在表达完具体的内容后，利用重复的手法，增加一些修饰性的语言，将会起到意想不到的效果。例如：

①我喜欢听父亲的笛声。

②我喜欢听父亲的笛声，喜欢听父亲那载满了我童年乐趣的笛声。

重复一下，加上有具体内容的修饰语言，韵味顿生。又如：

①我呆呆地盯着窗外，只见长长的雨丝不断地飘落。

②我呆呆地盯着窗外，只见长长的雨丝不断地飘落，雨丝长愁丝更长。

加上一句，情景交融，语言表达的意境更深了。

巧妙运用修饰语言，粗糙的语言就会变得柳暗花明，枯燥的语言就会变得光彩、鲜亮。

二、积累诗词名句，巧妙引用镶嵌，使作文文采飞扬

古今中外，诗歌名言佳句很多，俗语、谚语、歌词更是层出不穷，若能巧妙引用，定能使文章增添文采，加深文章的意境。如苏沧桑《烟花吻上西湖的脸》：

三十万枚烟花怒放在西湖上空，与湖山一起，映射出焰火与万众一起欢腾的壮观场景。红色的"礼炮迎宾情系今宵"，金色的"天女散花闪耀西湖"，绿色的"西子风光鸟语花香"，海蓝色的"星光璀璨水天一色"，等等，让人群的激动一浪高过一浪。当长达百米的银色瀑布飞流直下，与水中的倒影交相辉映时，整个西

湖沸腾了。

作者通过引用诗句，把烟花的形态之美形象地描绘出来，又很有文学的韵味，使文章文采飞扬。

还有她的《清河坊·追寻远逝的繁华》一文中引用元代诗人萨都剌的诗："市声到海迷红雾，花气涨天成彩云。一代繁华如昨日，御街灯火月纷纷。"描绘出了清河坊繁华的正面，也依稀画出了它即将远去的背影。

苏沧桑在《苏堤春晓·梦开始的地方》一文中写道："一位穿着蓝花布衫的女孩与我无声地擦肩而过。我忍不住回头看她，听见了远古的某个清晨传来的吴侬软语：茅家埠头芳草平，第四压堤桥影横。桥外飞花似郎意，桥边深水似侬情。"

在《雷峰夕照·苍凉一笔》中引用宋代诗人林和靖的《中峰诗》："中峰一径分，盘折上幽云。夕照全村见，秋涛隔岭闻。"既描绘了当时的风光，也告诉读者后来"雷峰夕照"成为"西湖十景"之一的渊源。文中还引用了浪漫诗人徐志摩的话："我不爱什么九曲，也不爱什么三潭，我爱在月光下看雷峰静极了的影子——我见了那个，便不要性命。"借此来表达文人对雷峰塔的情有独钟。

三、多一点具体描写，少一点概括叙述，多角度进行刻画

具体描写是一种美，具体描写也是对所描绘的事物进行细致的刻画，这样使文章更生动形象、更真实、更丰富。例如写"静"：

①这里很静。

②这里很静，连掉下一根针都能听见。

③四周是那么的宁静，你能听见一百米外松鼠在枯枝上跳来跳去，断枝掉下来，先微微地勾住另外的树枝，然后落到松软的草面上——永远地掉在那儿，静静地等着腐烂。

第①句语言就是笼统的、抽象的，第②句就具体一些了，给人的感觉不新鲜，第③句是俄国作家屠格涅夫对"静"的刻画，充分调动了周边的事物进行烘托，这样给读者充实、丰满的感觉。

具体描写常常可以运用下列两种方法：

1. 从多个角度围绕所描写的对象进行细致的刻画，把简单概括的叙述转化为各种描写方法的综合运用，使文章更具体，更丰满。

如《鲁提辖拳打镇关西》中，作者对"三拳"的刻画可谓是入木三分：

第一拳：扑的只一拳，正打在鼻子上，打得鲜血迸流，鼻子至在半边，却便似开了个酱油铺：咸的，酸的，辣的，一发都滚出来。

第二拳：提起拳头来就眼眶际眉梢只一拳，打得眼棱缝裂，乌珠迸出，也似开了个彩帛铺的：红的，黑的，紫的，都绽将出来。

第三拳：又只一拳，太阳上正着，却似做了一全堂水陆的道场：磬儿，钹儿，铙儿，一齐响。

施耐庵在写每打一拳时又对当时周边的情况进行了描写，使文章内容显得更真实。同时在描写"三拳"时还调动了味觉、声觉等各种感觉进行了刻画，把一个很平常的动作刻画得气势磅礴。

2.细节出神韵，抓住细节描写，并对细节进行刻画，使文章内容充实，充满生命力。如下面修改前和修改后的两段话：

修改前：

①明天就要开学了，妈妈仔细地帮我打点行装。她把我该带的东西都准备齐全，又再三嘱咐我到学校后要听老师的话，该吃什么就吃什么，别舍不得花钱，还说，有空她会去看我。

修改后：

②晚上，妈妈走进我的小屋，环顾四周，最后目光落到了书包和行李上。她打开行李包，一一检查，嘴里还念念有词道："毛巾、牙刷……"她满意地点点头，露出欣慰的笑容。她将肩上即将滑落的外套又重新披好，抚摸着我的头。

忽然间，她冲出屋去，数分钟后，只听里屋门"嗵"的一声，接着是拖鞋与地面发出"掌掌"的声音，我屋的门又开了，她将什么东西装进了我的书包，装好后，她如释重负地笑了，接着走过来对我说："我给你带了点药，到了学校要听老师的话，别任性。现在正在长身体，多吃点，别怕花钱。想家了，打个电话，家里会有人的……"她转过身去，一会儿，她又补充道："我和你爸会去看你的，早点睡吧！"

上面第②段是对第①段进行了修改，第②段把第①段中的"仔细""打点""嘱咐"这三个细节化概括叙述变为具体的描写，这样文章就变得富有情感，把母亲的关心与爱表达得清清楚楚。

具体，就是要将事物写得可闻可睹可摸可感，而且要尽量给人以新的感觉，语言的美感也就产生了。

巧用修辞手法，用亮丽的语言抒发真情实感。

在写作中，巧妙而又贴切的修辞手法的运用常常能使语言增添许多风采，若能熟练地扮靓语言，定能收到良好的效果。如：

盈盈月光，我掬一棒最清的；落落余晖，我拥一缕最暖的；灼灼红叶，我拾

一片最热的；萋萋芳华，我摘一束最灿烂的；待人用善，待人和善。（中考满分作文《待人和善》）

文章采用了排比、叠词的手法，运用类比的方法引出文章的主题，语言清新亮丽，抒发了内心的真情实感。

修辞手法不管用在文中什么地方，都能起到巨大的作用：如

1.在开篇中运用。如当代作家叶文玲在她的文章《我的"长生果"》的开头写到：

像蜂蝶飞过花丛，像泉水流经山谷，我每忆及少年时代，就禁不住涌起视听的愉悦之感。在记忆的心扉中，少年时代的读书生活恰似一幅流光溢彩的画页，也似一阕跳跃着欢快音符的乐章。

文章运用"对偶式比喻"破题导入，一下子就把我们带进了作者"少年时代的读书生活"之中，并很好地提挈了全文。

2.在正文中运用。以《紫藤萝瀑布》为例，作者宗璞在正文的描绘中通用比喻：

像瀑布、像河流、像水花、像舱、像帆……

这给人以明朗流畅、整齐划一的美感。又运用了拟人：

仿佛在流动、在欢笑、在和阳光互相挑逗，彼此推着挤着，"我在开花！"它们在笑。"我在开花！"它们嚷嚷"……

以此突出花的情趣和盎然的生命力，另外还运用通感（如"香气似乎也是浅紫色的"）和对比（过去紫藤萝花的衰颓零落和现在的花繁枝茂），为凸显主题"花和人都会遇到各种各样的不幸，但是生命的长河是无止境的"作了很好的铺垫。

因此，优美的文字就是通过众多修辞手法的恰切运用而巧妙地表达出来的，巧妙而又贴切地运用修辞手法，使文章显得既有文采又有内涵，用亮丽的语言抒发自己的真情实感。

四、充分运用环境描写来烘托文章内容，能达到情景合一的效果

"一切景语皆情语"。在记叙文、散文的写作中，环境描写可以渲染气氛，可以烘托人物，可以推动故事情节的发展。如《我的叔叔于勒》的两句环境描写：

①我们上了轮船了，离开了栈桥，在一片平静的好似大理石桌面一样的海面上驶向远处。

②在我们面前，天边远处仿佛有一片紫色的阴影从海里钻出来。那就是哲尔赛岛了。

第①句中是在文章的开头，这时的菲力普一家认为于勒是一个有钱的人，一定会为自己带来福音，所以这段环境描写烘托了一家去哲尔赛岛高兴的心情；而

第②句是菲力普夫妇见到了穷困潦倒的于勒,所以这段环境描写烘托了菲力普夫妇的心情是悲愤的、黑暗的。这两句环境描写起到有力的点缀、暗示主题的作用。烘托了人物的形象,推动了故事情节的发展。又如:

①孤灯,淡茶……

②风停了,暴雨也结束了,太阳重新露出了笑容,两代人的那扇玻璃也被雨后的那片残阳熔化了。太阳在远处逐渐隐去,消失在一片晚霞中,两者混为一体,没有距离。

文中第①句采用白描的写法,对环境进行了勾勒,但点明了作者的心情,引出下文。第②句小作者通过环境的描写暗示了两代人之间情感隔阂的消失,情与景有机地结合在一起,含蓄隽永。

所以,充分运用环境描写来烘托文章内容,能达到情景合一的效果。

总之,写作时要对语言进行锤炼加工,使语言表达充满美感,做到既能真切地表情达意,又能情韵深厚、充满文采,达到"化平庸为神奇"的效果,这样的作文才会更充实、更丰满、更充满文采。

常见失误

误区一:词语贫乏,句式呆板,修辞单一

文章显得呆板,缺少活力。不妨学学"语不惊人死不休"的精神吧。让丰富的词语装点语言;让整散结合、长短交错的句式变化语言;让比喻、排比、对偶等修辞手法的妙用美化语言;让歌词、名言的引用厚实语言。

误区二:语言表达少意境,缺少了韵味

文章需要意境。构成意境,既需生活的画面,还需作者的情思。"杨柳岸,晓风残月","明月松间照,清泉石上流",每一首诗歌都在营造着人生的画面,这幅画面来源于最本真的生活,但又无不打上作家情感的烙印,或伤感,或淡然,或奔放,或大气。而我们的作品太缺少出自我心的生活画面了,因而文章读来味同嚼蜡。

误区三:语言表达没个性,缺少了生命力

无论是清新婉约,还是豪放粗犷,无论是质朴自然,还是幽默诙谐。写作要力求形成自己的语言个性。朱自清的文章于真实中流淌深情,余秋雨的文章于厚重中彰显人生。只有个性鲜明,才有生命力;没有个性,也就最易流于平庸。

名作赏析

淡 竹

苏沧桑

①初秋，我和他相遇在江南湖州一个叫"百草原"的山林中。他是竹——植物中的另类。他看上去清瘦且憔悴，相对于百草原其他植物，像一个混得不太好的中年人。

②稻子，正是扬花灌浆的妙龄，名牌大学新生般踌躇满腹；银杏终于褪去一身浓艳，和蓝天的高洁媲美；法国梧桐是老实人，沉浸在年代久远的优越感里，并不知道，有一种鹅掌梧桐，要悄然代替它无敌的位置；兰花三七，极像薰衣草，却更美，所有的花都虔诚地朝往一个方向，像被一种崇高使命蛊惑；浮萍无根，却有心有肺，挣脱着随波逐流的命运；被践踏的草，总是第一时间奋力挺直腰杆，挂着最底层最灿烂的笑；贪婪的蔓，不知羞耻地攀爬在高大的冷杉上，一边噬血，一边甜言蜜语……几乎所有的植物，都攒足劲儿，在喊——我要生存！我要开花！我要结果！入世让它们踌躇满志，灿烂而虚无的诱惑令它们不惜一切、倾其所能。甚至动物。几只小老虎，眼睛都未睁开，拼命争抢着妈妈的乳头。甚至那口奇异的千年古井，都像藏着无穷的欲望。日夜暗涌不息的水，居然漫过高出地面一米的井沿。如果将井沿继续垒高，水会怎样？

③他是竹，是植物中的另类。其实，名利、金钱、权势，如同阳光雨露的垂爱，蜜蜂花蝶的

1. 本文写"竹"，为什么用"他"来代称？

2. 第②段突出了所写事物怎样的共同特点？描写这些事物有什么作用？

青睐，他不是不想要，可是，要弯下腰，要费心机——要将每一条根都变成利爪，抓住土壤，变成屈曲盘桓的藤萝，向百鸟献媚，与昆虫讲和，向风霜妥协，对强加在身上的种种不公委曲求全，才能安身立命，才有飞黄腾达的可能。

④可是，他的骨节生来就是直的，他不能弯腰。

因为他的心生来就是空的，他不愿费尽心机。

⑤真是空的吗？不。那一节节空里，早已成就一个美妙的小宇宙——有与生俱来的一些坚持，有本性上的宽容与谦逊，也有人生一世草木一秋的豁达睿智。他与周围无数青光绿影的好友促膝长谈、开怀畅饮，在鸟儿偶尔驻足的呢喃和清风明月的和唱中，笑忘功名利禄、荒芜繁杂，每一秒时光都格外静谧而美好。那一节节空缺里，是永远的满盈。

⑥更让我惊异的，他不仅直，空，而且淡。他是"淡竹"——全球原始淡竹林最大群落中的一员。从外表到骨子，都是竹子中的最淡的颜色——淡紫、淡红、淡褐、淡绿、淡泊。所以，他与世无争到看淡生死。

⑦他可以很入世。生可以防风，成荫，美化环境；死可以做篾，成为最土最实用的晒竿、瓜架、凉席，竹桌竹椅竹篮。他也可以很出世。他是箫与笛的前世，不死的魂魄随天籁之音往来天地之间，优雅散淡而隽永。当然，这并不表示他逆来顺受，他会和压在头顶上的积雪抗争，他不允许荒草占领脚下的领地，他摇曳着枝竿向毒蛇示威，他告诉所有的竹要独善其身，兼爱天下。

⑧他是李白，"安能摧眉折腰事权贵，使我不得开心颜"。他是陶渊明，"采菊东篱下，悠然见南山"。他是郑板桥，"盖竹之体，瘦劲孤高，

3.文中竹"直""空""淡"三者之间的关系是什么？

4.第⑧段写了李白等诗人及其诗句，能否把这段内容删掉？为什么？

枝枝傲雪，节节干霄，有君子之豪气凌云，不为俗屈"。他是文天祥，"人生自古谁无死，留取丹心照汗青"。他是苏轼，"宁可食无肉，不可居无竹"。他是疯疯癫癫的释道济公，"数枝淡竹翠生光，一点无尘自有香"。他是岳飞、辛弃疾，他是中国儒家，"山南之竹，不操自直，斩而为箭，射而则达"……

⑨他是我们身边那些还坚守着什么的人。他们懂得，浓墨重彩是一辈子，云淡风轻也是一辈子；奴颜婢膝是一辈子，坦荡潇洒也是一辈子。他们选择了后者，等于选择了物质上的清瘦，心灵的丰衣足食。

⑩于是，这些自由快乐的心灵，站在一个孤寂的阵营里，成为人世间越来越弥足珍贵的另类，风雨过处，仰天长笑。

——选自《散文》2009.12

5. 最后一段在文中起什么作用？请从内容和形式两方面作简要分析。

1. 下列对这篇散文的赏析，正确的两项是（　　　　）

A. 本文是一篇写景抒情散文，吟咏对象是江南湖州"百草原"中与众不同的竹子，作者既描绘这种竹子的婆娑风姿，又揭示其精神品质，发人深省，耐人寻味。

B. 文中说"他看上去清瘦且憔悴……像一个混得不太好的中年人"，这其实是作者感慨自己生不逢时，壮志难酬的写照。

C. 作者笔下的竹子既是正直、虚心、淡泊者的化身，也是岳飞、辛弃疾等驰骋沙场、建功立业者的象征；既是兼有儒、释、道三种思想的圣人，也是心灵自由快乐的凡夫俗子。

D. 在作者看来，人生要随缘，不要刻意追求什么，因为浓墨重彩是一辈子，云淡风轻也是一辈子，奴颜婢膝是一辈子，坦荡潇洒也是一辈子。

E. 本文采取对比、象征的手法，着力刻画了淡竹形象，给人留下了深刻的印象；又娴熟地运用比喻、拟人、排比、反复等修辞手法，使文章语言生动活泼、摇曳多姿。

2. 文中两次说到淡竹是"植物中的另类"，作者为什么这样说？

3. 请概括本文的中心思想。

4. 本文语言形象优美、含蓄隽永，试举一例并加以赏析。
5. 结合文章内容，谈谈怎样理解"那一节节空里，是永远的满盈"这句话。

　　读罢全文，掩卷而思，当我们为竹的气质而赞美时，也不禁为作者精致的构思、娴熟的技巧和巧妙利用修辞增强语言魅力的能力而击节叫好。

　　以物喻人，托物言志，赋予淡竹以自由而高贵的心灵，使物的特征与人的气质相互融合，为文章主题的表达作好了铺垫。在作者的笔下，淡竹没有妩媚的姿态，没有艳丽的色泽，但就是那笔直的腰，中空的心，便是最高贵的心灵：它的色泽是淡泊，它的功用是奉献，它的魂魄是优雅，不为权势而低头，不为利益而劳心，成就了自己自由快乐的心灵，成为了人世间越来越珍贵的存在。作者将其与李白、陶渊明并肩，与文天祥、郑板桥共举，淡雅的竹便拥有了高贵品格的芬芳，让人沉醉。作者透过外物，领悟内涵，在对竹的颂扬中传递出对自我生命价值的追寻，意味深长，耐人寻味。

　　无论是竹所象征的混得不太好的中年人，还是稻子所喻指的踌躇满志的名牌大学生；无论是浮萍象征的挣扎于命运之流的可怜者，还是杂草所喻指的在践踏中挺直腰杆的可悲者，作者的比喻可谓形神兼备，充满感染力。

　　此外，排比句、排比段的运用增强了文章的语势，强化了文章的主题。"我要生存！我要开花！我要结果！"那是所有植物对于生存、对于生命的呐喊，充满着无尽的渴望。"他是李白……""他是陶渊明……""他是郑板桥……"这些排比段的运用，加上富有力度的名句引用，将竹的内涵形象化、具体化，一次又一次地直达人们的心灵。

晋楚城濮之战（僖公二十八年）（节选）

《左传》

原文

夏四月戊辰，晋侯、宋公、齐国归父、崔夭、秦小子憖次于城濮。楚师背酅而舍，晋侯患之。听舆人之诵曰："原田每每，舍其旧而新是谋。"公疑焉。子犯曰："战也！战而捷，必得诸侯，若其不捷，表里山河，必无害也。"公曰："若楚惠何？"栾贞子曰："汉阳诸姬，楚实尽之。思小惠而忘大耻，不如战也。"晋侯梦与楚子搏，楚子伏己而盬其脑，是以惧。子犯曰："吉。我得天，楚伏其罪，吾且柔之矣！"

子玉使斗勃请战，曰："请与君之士戏，君冯轼而观之，得臣与寓目焉。"晋侯使栾枝对曰："寡君闻命矣。楚君之惠，未之敢忘，是以在此。为大夫退，其敢当君乎？既不获命矣，敢烦大夫谓二三子：戒尔车乘，敬尔君事，诘朝将见。"

晋车七百乘，韅、靷、鞅、靽。晋侯登有莘之墟以观师，曰："少长有礼，其可用也。"遂伐其木，以益其兵。

己巳，晋师陈于莘北，胥臣以下军之佐当陈、蔡。子玉以若敖之六卒将中军，曰："今日必无晋矣！"子西将左，子上将右。胥臣蒙马以虎皮，先犯陈、蔡。陈、蔡奔，楚右师溃。狐毛设二旆而退之，栾枝使舆曳柴而伪遁，楚师驰之，原轸、郤溱以中军公族横击之。狐毛、狐偃以上军夹攻子西，楚左师溃。楚师败绩。子玉收其卒而止，故不败。

晋师三日馆谷，及癸酉而还。甲午，至于衡雍，作王宫于践土。

乡役之三月，郑伯如楚致其师。为楚师既败而惧，使子人九行成于晋。晋栾枝入盟郑伯。五月丙午，晋侯及郑伯盟于衡雍。丁未，献楚俘于王：驷介百乘，徒兵千。郑伯傅王，用平礼也。己酉，王享醴，命晋侯宥。王命尹氏及王子虎、内史叔兴父策命晋侯为侯伯，赐之大辂之服，戎辂之服，彤弓一，彤矢百，玈弓矢千，钜鬯一卣，虎贲三百人。曰："王谓叔父：'敬服王命，以绥四国，纠逖王慝。'"晋侯三辞，从命，曰："重耳敢再拜稽首，奉扬天子之丕显休命。"受策以出。出入三觐。

卫侯闻楚师败，惧，出奔楚，遂适陈。使元咺奉叔武以受盟。癸亥，王子虎盟诸侯于王庭，要言曰："皆奖王室，无相害也。有渝此盟，明神殛之，俾队其师，无克祚国，及而玄孙，无有老幼。"君子谓是盟也信，谓晋于是役也，能以德攻。

初，楚子玉自为琼弁玉缨，未之服也。先战，梦河神谓己曰："畀余，余赐女孟诸之麋。"弗致也。大心与子西使荣黄谏，弗听。荣季曰："死而利国，犹或为之，况琼玉乎！是粪土也，而可以济师，将何爱焉？"弗听。出，告二子曰："非神败令尹，令尹其不勤民，实自败也。"既败，王使谓之曰："大夫若入，其若申、息之老何？"子西、孙伯曰："得臣将死，二臣止之，曰：'君其将以为戮。'"及连谷而死。

晋侯闻之，而后喜可知也。曰："莫余毒也已！蒍吕臣实为令尹，奉己而已，不在民矣。"

译文

夏天四月初三，晋文公、宋成公、齐国归父、崔夭、秦国公子小子憖带领军队进驻城濮。楚军背对着险要的名叫郤的丘陵扎营，晋文公对此很忧虑。他听到士兵们唱的歌词说："原野上青草多茂盛，除掉旧根播新种。"晋文公心中疑虑。子犯说："打吧！打了胜仗，一定会得到诸侯拥戴。如果打不胜，晋国外有黄河，内有太行，也必定不会受什么损害。"晋文公说："楚国从前对我们的恩惠怎么办呢？"栾枝说："汉水北面那些姬姓的诸侯国，全被楚国吞并了。想着过去的小恩小惠，会忘记这个奇耻大辱，不如同楚国打一仗。"晋文公夜里梦见同楚成王格斗，楚成王打倒他，趴在他身上吸他的脑汁，因此有些害怕。子犯说："这是吉利的征兆。我们得到天助，楚王面向地伏罪，我们会使他驯服的。"

子玉派斗勃来请求交战，对晋文公说："我请求同您的士兵们较量一番，您可以扶着车前的横木观看，我子玉也要奉陪观看。"晋文公让栾枝回答说："我们的国君领教了。楚王的恩惠我们不敢忘记，所以才退到这里，对大夫子玉我们都要退让，又怎么敢抵挡楚君呢？既然得不到贵国退兵的命令，那就劳您费心转告贵国将领：准备好你们的战车，认真对待贵君交付的任务，咱们明天早晨战场上见。"

晋军有七百辆战车，车马装备齐全。晋文公登上古莘旧城的遗址观看了军容，说："年轻的和年长的都很有礼貌，我们可以用来作战了。"于是晋军砍伐当地树木，作为补充作战的器械。

四月初四，晋军在莘北摆好阵势，下军副将胥臣领兵抵挡陈、蔡两国军队。楚国主将子玉用若敖氏的六百兵卒率领中军，说："今天必定将晋国消灭了！"子西统率楚国左军，斗勃统率楚国右军。晋将胥臣用虎皮把战马蒙上，首先攻击陈、蔡联军。陈、蔡联军逃奔，楚国的右军溃败了。晋国上军主将狐毛树起两面大旗假装撤退，晋国下军主将栾枝让战车拖着树枝假装逃跑，楚军受骗追击，原轸和郤溱率领晋军中军精锐兵力拦腰冲杀楚军。狐毛和狐偃指挥上军从两边夹击子西，楚国的左军也溃败了。结果楚军大败。子玉及早收兵不动，所以他的中军没有溃败。

晋军在楚军营地住了三天，吃缴获的军粮，到四月八日才班师回国。四月二十九日，晋军到达衡雍，在践土为周襄王造了一座行宫。

在城濮之战前的三个月，郑文公曾到楚国去把郑国军队交给楚国指挥，现在郑文公因为楚军打了败仗而感到害怕，便派子人九去向晋国求和。晋国的栾枝去郑国与郑文公议盟。五月十一日，晋文公和郑文公在衡雍订立了盟约。五月十二日，晋文公把楚国的俘虏献给周襄王，有四马披甲的兵车一百辆，步兵一千人。郑文公替周襄王主持典礼仪式，用从前周平王接待晋文侯的礼节来接待晋文公。五月十四日，周襄王用甜酒款待晋文公，并劝晋文公进酒。周襄王命令尹氏、王子虎和内史叔兴父用策书任命晋文公为诸侯首领，赏赐给他一辆大辂车和整套服饰仪仗，一辆大戎车和整套服饰仪仗，红色的弓一把，红色的箭一百支，黑色的弓十把，黑色的箭一千支，黑黍米酿造的香酒一卣，勇士三百人，并说："周王对叔父说：'恭敬地服从周王的命令，安抚四方诸侯，监督惩治坏人。'"晋文公辞让了三次，才接受了王命，说："重耳再拜叩首，接受并发扬周天子伟大、光明、美善的命令。"晋文公接受策书退出，前后三次朝见了周襄王。

卫成公听到楚军被晋军打败了，很害怕，出逃到楚国，后又逃到陈国。卫国派元咺辅佐叔武去接受晋国与诸侯的盟约。五月二十八日，王子虎和诸侯在周王的厅堂订立了盟约，并立下誓辞说："各位诸侯都要扶助王室，不能互相残害。如果有人违背盟誓，圣明的神灵会惩罚他，使他的军队覆灭，不能再享有国家，直到他的子孙后代，不论年长年幼，都逃不脱惩罚。"君子认为这个盟约是诚信的，说晋国在这次战役中是依凭德义进行的征讨。

当初，楚国的子玉自己做了一套用美玉装饰的马冠和马鞅，还没有用上。交战之前，子玉梦见河神对自己说："把它们送给我！我赏赐给你宋国孟诸的沼泽地。"子玉不肯送给河神。子玉的儿子大心和楚国大夫子西让荣黄去劝子玉，子玉不听。荣黄说：'人死了能对国家有利，也要去死，何况是美玉！它们不过是粪土，如果可以用来帮助军队得胜，有什么可以吝惜的？"子玉还是不听。荣黄出来告诉大心和子西说："不是河神要让令尹打败仗，而是令尹不肯为民众尽力，实在是自找失败。"楚军战败后，楚王派人对子玉说："如果你回楚国来，怎么对申、息两地的父老们交代呢？"子西和大心对使臣说："子玉本来想自杀，我们两人拦住他说：'国君还要惩罚你呢。'"子玉到了连谷就自杀了。

　　晋文公听到子玉自杀的消息，喜形于色地说："今后没有人危害我了！楚国的蔿吕臣当令尹，只知道保全自己，不会为老百姓着想。"

荆轲刺秦王

《战国策》

原文

秦将王翦破赵,虏赵王,尽收其地,进兵北略地,至燕南界。

太子丹恐惧,乃请荆卿曰:"秦兵旦暮渡易水,则虽欲长侍足下,岂可得哉?"荆卿曰:"微太子言,臣愿得谒之。今行而无信,则秦未可亲也。夫今樊将军,秦王购之金千斤,邑万家。诚能得樊将军首,与燕督亢之地图献秦王,秦王必说见臣,臣乃得有以报太子。"太子曰:"樊将军以穷困来归丹,丹不忍以己之私,而伤长者之意,愿足下更虑之!"

荆轲知太子不忍,乃遂私见樊於期,曰:"秦之遇将军,可谓深矣。父母宗族,皆为戮没。今闻购将军之首,金千斤,邑万家,将奈何?"樊将军仰天太息流涕曰:"吾每念,常痛于骨髓,顾计不知所出耳!"轲曰:"今有一言,可以解燕国之患,而报将军之仇者,何如?"樊於期乃前曰:"为之奈何?"荆轲曰:"愿得将军之首以献秦,秦王必喜而善见臣。臣左手把其袖,而右手揕其胸,然则将军之仇报,而燕国见陵之耻除矣。将军岂有意乎?"樊於期偏袒扼腕而进曰:"此臣日夜切齿拊心也,乃今得闻教!"遂自刎。

太子闻之,驰往,伏尸而哭,极哀。既已,无可奈何,乃遂收盛樊於期之首,函封之。

于是太子预求天下之利匕首,得赵人徐夫人之匕首,取之百金,使工以药淬之。以试人,血濡缕,人无不立死者。乃为装遣荆轲。

燕国有勇士秦武阳,年十二,杀人,人不敢与忤视。乃令秦武阳为副。

荆轲有所待,欲与俱,其人居远未来,而为留待。

顷之未发,太子迟之,疑其有改悔,乃复请之曰:"日以尽矣,荆卿岂无意哉?

丹请先遣秦武阳！"荆轲怒，叱太子曰："今日往而不反者，竖子也！今提一匕首入不测之强秦，仆所以留者，待吾客与俱。今太子迟之，请辞决矣！"遂发。

太子及宾客知其事者，皆白衣冠以送之。至易水上，既祖，取道。高渐离击筑，荆轲和而歌，为变徵之声，士皆垂泪涕泣。又前而为歌曰："风萧萧兮易水寒，壮士一去兮不复还！"复为慷慨羽声，士皆瞋目，发尽上指冠。于是荆轲遂就车而去，终已不顾。

既至秦，持千金之资币物，厚遗秦王宠臣中庶子蒙嘉。

嘉为先言于秦王曰："燕王诚振怖大王之威，不敢兴兵以拒大王，愿举国为内臣。比诸侯之列，给贡职如郡县，而得奉守先王之宗庙。恐惧不敢自陈，谨斩樊於期头，及献燕之督亢之地图，函封，燕王拜送于庭，使使以闻大王。唯大王命之。"

秦王闻之，大喜。乃朝服，设九宾，见燕使者咸阳宫。

荆轲奉樊於期头函，而秦武阳奉地图匣，以次进。至陛下，秦武阳色变振恐，群臣怪之，荆轲顾笑武阳，前为谢曰："北蛮夷之鄙人，未尝见天子，故振慑，愿大王少假借之，使毕使于前。"秦王谓轲曰："起，取武阳所持图！"

轲既取图奉之，发图，图穷而匕首见。因左手把秦王之袖，而右手持匕首揕之。未至身，秦王惊，自引而起，绝袖。拔剑，剑长，操其室。时恐急，剑坚，故不可立拔。

荆轲逐秦王，秦王还柱而走。群臣惊愕，卒起不意，尽失其度。而秦法，群臣侍殿上者，不得持尺兵；诸郎中执兵，皆陈殿下，非有诏不得上。方急时，不及召下兵，以故荆轲逐秦王，而卒惶急无以击轲，而乃以手共搏之。

是时，侍医夏无且以其所奉药囊提轲。秦王方还柱走，卒惶急不知所为。左右乃曰："王负剑！王负剑！"遂拔以击荆轲，断其左股。荆轲废，乃引其匕首提秦王，不中，中柱。秦王复击轲，被八创。

轲自知事不就，倚柱而笑，箕踞以骂曰："事所以不成者，乃欲以生劫之，必得约契以报太子也。"

左右既前，斩荆轲。秦王目眩良久。

译文

秦国的将军王翦攻破赵国，俘虏赵王，占领了赵国的大部分国土，进军向北侵占土地,到达燕国南部的边界。

　　燕国的太子丹很害怕,就请求荆轲说:"秦军马上就要渡过易水,那么虽然我想长久地侍奉您,又怎么能够做得到呢?"荆轲说:"不用太子说,我也要请求行动。假如空手而去,没有什么凭信之物,那就无法接近秦王。现在樊将军,秦王用一千斤金和一万户人口的封地作悬赏来购取他的头颅。果真能够得到樊将军的首级及燕国督亢一带的地图献给秦王,秦王一定高兴地召见我,我就有办法来报答太子了。"太子说:"樊将军因为走投无路,处境困窘而来归附我,我不忍心由于自己个人的私仇而伤害长者的心意,希望您另外考虑对策吧!"

　　荆轲知道太子不忍心,于是私下里会见樊於期,说:"秦国对待将军,可以说是刻毒透顶了。父亲、母亲和同族的人都被杀死或没收入官为奴。现在听说用一千斤金和一万户人口的封地作悬赏来购买将军的首级,您将怎么办?"樊将军仰天长叹,泪流满面地说:"我每当想起这一点,常常恨入骨髓,只是想不出什么办法罢了。"荆轲说:"现在有一个建议,可以用来解除燕国的忧患,报将军的深仇大恨,怎么样?"樊於期于是上前问道:"怎么办?"荆轲说:"希望得到樊将军的首级来献给秦国,秦王一定高兴而又友好地接见我。我左手抓住他的衣袖,右手(用匕首)刺他的胸膛。这样,将军的仇报了,燕国被欺侮的耻辱也除掉了。将军是否有这个心意呢?"樊於期脱下一只衣袖露出一只胳膊,左手握住右腕,走近一步说:"这是我日日夜夜咬牙切齿、捶胸痛恨的事,今天才得到您的指教!"于是自杀。

　　太子听说了这件事,赶着马车跑去,伏在樊於期的尸体上大哭,非常悲伤。事已至此,没有办法挽回了,于是就收拾安放樊於期的首级,用匣子装好它。

　　于是太子预先寻求世上锋利的匕首,得到赵国徐夫人的匕首,用一百金把它买到,叫工匠在淬火时把毒药浸到匕首上。用人来做实验,血沾湿衣褛,没有不立即死亡的。于是整理行装,派遣荆轲上路。

　　燕国有个勇士秦武阳,十二岁的时候就杀过人,人们不敢同他正眼相看,于是叫秦武阳做助手。

　　荆轲等待着一个人,想同他一起去。那个人住得很远,没有来,因而停下等候他。

　　过了一阵还没动身,太子嫌荆轲走晚了,怀疑他有改变初衷和后悔的念头,就又请求他说:"太阳已经完全落下去了,您难道没有动身的意思吗?请允许我先遣发秦武阳!"荆轲发怒,呵斥太子说:"今天去了而不能好好回来复命的,那是没有用的小子!现在光拿着一把匕首进入不可意料的强暴的秦国,我之所以停留下来,是因为等待我的客人好同他一起走。现在太子嫌我走晚了,请允许我告别吧!"于是出发了。

太子和他的宾客中知道这件事的人,都穿着白衣,戴着白帽给他送行。到易水上,祭过路神,就要上路。高渐离敲着筑,荆轲和着节拍唱歌,发出变徵的声音,众宾客都流着眼泪小声地哭。荆轲又上前作歌唱道:"风声萧萧悲鸣啊易水彻骨寒冷,壮士这一离去啊就永远不再回还!"又发出悲壮激昂的羽声。众宾客都睁大了眼睛,头发都向上竖起顶住了帽子。于是荆轲就上车离去,始终不曾回头看一眼。

到达秦国后,拿着价值千金的礼物,优厚地赠送给秦王的宠臣中庶子蒙嘉。

蒙嘉替他事先向秦王进言,说:"燕王确实非常惧怕大王的威势,不敢出兵来抗拒,愿意全国上下都做秦国的臣民,排在诸侯的行列里(意为:燕国愿意同别的诸侯一起尊秦王为天子)像秦国的郡县那样贡纳赋税,能守住祖先的宗庙。他们诚惶诚恐,不敢自己来陈述,恭谨地砍下樊於期的头颅和献上燕国督亢一带的地图,用盒子封好,燕王在朝廷上行跪拜大礼送出来,派使者来禀告大王。一切听凭大王吩咐。"

秦王听了蒙嘉的话,非常高兴。于是穿了上朝的礼服,安排下隆重的九宾大礼仪式,在咸阳宫接见燕国的使者。

荆轲捧着装了樊於期头颅的盒子,秦武阳捧着地图匣子,按次序进宫,到达殿前的台阶下,秦武阳脸色都变了,十分害怕,秦国的群臣对此感到奇怪。荆轲回过头来对秦武阳笑了笑,上前替他向秦王谢罪说:"北方蛮夷地区的粗鄙人,没有拜见过天子,所以害怕,希望大王稍微原谅他些,让他在大王的面前完成他的使命。"秦王对荆轲说:"起来,取来武阳所拿的地图!"

荆轲拿了地图捧送给秦王,打开地图,地图全部打开,匕首就露了出来。于是荆轲左手抓住秦王的衣袖,右手拿着匕首刺秦王。还没有刺到秦王的身上,秦王非常惊骇,自己伸直身子站起来,挣断了袖子。秦王拔剑,剑太长,就握住剑鞘。当时秦王心里又怕又急,剑插得很紧,所以不能立即拔出来。

荆轲追逐秦王,秦王绕着柱子跑。秦国的君臣都惊呆了,事情突然发生,意料不到,大家都失去了常态。并且按照秦国的法律,臣子们侍立在殿上的,不能带一点兵器;那些宫廷侍卫握着武器,都排列在宫殿的台阶下面,没有君王的命令不能上殿。当危急的时候,来不及召唤阶下的侍卫,所以荆轲追逐秦王,大家仓促间惊惶失措,没有武器用来击杀荆轲,仅仅用空手一起同荆轲搏斗。

这时,秦王的随从医官夏无且用他手里捧着的药袋投击荆轲。秦王还正在绕着柱子跑,仓促间惊惶失措,不知道怎么办。侍臣们就说:"大王背着剑!大王背着剑!"秦王于是拔出剑用来攻击荆轲,砍断了荆轲的左大腿。荆轲倒下了,就举起他的匕首投击秦王，没有击中，击中了柱子。秦王又砍击荆轲，荆轲被砍伤了八处。

荆轲自己知道事情不能成功了，靠着柱子笑着，像簸箕一样地张开两腿坐在地上，骂道："事情之所以没有成功，是想活生生地劫持你，一定要得到约契来回报燕太子啊！"

秦王的侍臣上前，斩杀荆轲。事后，秦王还头昏眼花了好长一段时间。

完璧归赵

司马迁

原文

廉颇者，赵之良将也。赵惠文王十六年，廉颇为赵将伐齐，大破之，取阳晋，拜为上卿，以勇气闻于诸侯。蔺相如者，赵人也，为赵宦者令缪贤舍人。

赵惠文王时，得楚和氏璧。秦昭王闻之，使人遗赵王书，愿以十五城请易璧。赵王与大将军廉颇诸大臣谋：欲予秦，秦城恐不可得，徒见欺；欲勿予，即患秦兵之来。计未定，求人可使报秦者，未得。

宦者令缪贤曰："臣舍人蔺相如可使。"王问："何以知之？"对曰："臣尝有罪，窃计欲亡走燕，臣舍人相如止臣，曰：'君何以知燕王？'臣语曰：'臣尝从大王与燕王会境上，燕王私握臣手，曰"愿结友"。以此知之，故欲往。'相如谓臣曰：'夫赵强而燕弱，而君幸于赵王，故燕王欲结于君。今君乃亡赵走燕，燕畏赵，其势必不敢留君，而束君归赵矣。君不如肉袒伏斧质请罪，则幸得脱矣。'臣从其计，大王亦幸赦臣。臣窃以为其人勇士，有智谋，宜可使。"

于是王召见，问蔺相如曰："秦王以十五城请易寡人之璧，可予不？"相如曰："秦强而赵弱，不可不许。"王曰："取吾璧，不予我城，奈何？"相如曰："秦以城求璧而赵不许，曲在赵。赵予璧而秦不予赵城，曲在秦。均之二策，宁许以负秦曲。"王曰："谁可使者？"相如曰："王必无人，臣愿奉璧往使。城入赵而璧留秦；城不入，臣请完璧归赵。"赵王于是遂遣相如奉璧西入秦。

秦王坐章台见相如，相如奉璧奏秦王。秦王大喜，传以示美人及左右，左右皆呼万岁。相如视秦王无意偿赵城，乃前曰："璧有瑕，请指示王。"王授璧，相如因持璧却立倚柱，怒发上冲冠，谓秦王曰："大王欲得璧，使人发书至赵王，赵王悉召群臣议，皆曰'秦贪，负其强，以空言求璧，偿城恐不可得'。议不欲予秦璧。臣以为布衣之交尚不相欺，况大国乎！且以一璧之故逆强秦之欢，不可。于是赵王乃斋戒五日，使臣奉璧，拜送书于庭。何者？严大国之威以修敬也。今臣至，大王见臣列观，礼节甚倨；得璧，传之美人，以戏弄臣。臣观大王无意偿赵王城邑，故臣复取璧。大王必欲急臣，臣头今与璧俱碎于柱矣！"相如持其璧睨柱，欲以击柱。秦王恐其破璧，乃辞谢固请，召有司案图，指从此以往十五都予赵。

相如度秦王特以诈详为予赵城，实不可得，乃谓秦王曰："和氏璧，天下所共传宝也，赵王恐，不敢不献。赵王送璧时，斋戒五日，今大王亦宜斋戒五日，设九宾于廷，臣乃敢上璧。"秦王度之，终不可强夺，遂许斋五日，舍相如广成传。

相如度秦王虽斋，决负约不偿城，乃使其从者衣褐怀其璧，从径道亡，归璧于赵。

秦王斋五日后，乃设九宾礼于廷，引赵使者蔺相如。相如至，谓秦王曰："秦自缪公以来二十馀君，未尝有坚明约束者也。臣诚恐见欺于王而负赵，故令人持璧归，间至赵矣。且秦强而赵弱，大王遣一介之使至赵，赵立奉璧来。今以秦之强而先割十五都予赵，赵岂敢留璧而得罪于大王乎？臣知欺大王之罪当诛，臣请就汤镬，唯大王与群臣孰计议之。"

秦王与群臣相视而嘻。左右或欲引相如去，秦王因曰："今杀相如，终不能得璧也，而绝秦赵之欢，不如因而厚遇之，使归赵，赵王岂以一璧之故欺秦邪！"卒廷见相如，毕礼而归之。

相如既归，赵王以为贤大夫使不辱于诸侯，拜相如为上大夫。秦亦不以城予赵，赵亦终不予秦璧。

译文

廉颇是赵国优秀的将领。赵惠文王十六年，时为赵国将军的廉颇率领赵军征讨齐国，大败齐军，夺取了阳晋，晋升为上卿，从此他以英勇善战闻名于诸侯各国。蔺相如，赵国人，他是赵国的宦官首领缪贤家的门客。

赵惠文王的时候，得到了楚人的和氏璧。秦昭王听说了这件事，就派人给赵王送来一封书信，表示愿意用十五座城池交换和氏璧。赵王同大将军廉颇以及诸大臣们商量：如果把宝玉给了秦国，秦国的城邑恐怕不可能得到，白白地受到欺骗；如果不给他，又恐怕秦国来攻打。尚未找到合适的解决办法，寻找一个能到秦国去回复的使者，也未能找到。

宦官令缪贤说:"我的门客蔺相如可以出使。"赵王问:"你是怎么知道他可以出使的?"缪贤回答说:"微臣曾犯过罪,私下打算逃亡到燕国去,我的门客相如劝阻我不要去,问我说:'您怎么会了解燕王呢?'我对他说:'我曾随从大王在国境上与燕王会见,燕王私下握住我的手,说'情愿跟您交个朋友'。因此了解他,所以打算投奔燕王。'相如对我说:'赵国强,燕国弱,而您受宠于赵王,所以燕王想要和您结交。现在您是从赵国逃亡到燕国去,燕国惧怕赵国,这种形势下燕王必定不敢收留您,而且还会把您捆绑起来送回赵国。您不如脱掉上衣,露出肩背,伏在斧刃之下请求治罪,这样也许侥幸被赦免。'臣听从了他的意见,大王也开恩赦免了微臣。为臣私下认为这人是个勇士,有智谋,应该可以出使。"

于是赵王立即召见,问蔺相如:"秦王用十五座城池请求交换我的和氏璧,能不能给他?"相如说:"秦国强,赵国弱,不能不答应。"赵王说:"得了我的宝璧,不给我城邑,怎么办?"相如说:"秦国请求用城换璧,赵国如不答应,赵国理亏;赵国给了璧而秦国不给赵国城邑,秦国理亏。衡量一下两种对策,宁可答应,使秦国来承担理亏的责任。"赵王说:"谁可以前往?"相如说:"大王如果无人可派,臣愿捧护宝璧前往出使。城邑归属赵国了,就把宝璧留给秦国;城邑不能归赵国,我一定把和氏璧完好地带回赵国。"赵王于是就派遣蔺相如带好和氏璧,西行入秦。

秦王坐在章台上接见蔺相如,相如捧璧呈献给秦王。秦王非常高兴,把宝璧传着给妻妾和左右侍从看,左右都高呼万岁。相如看出秦王没有用城邑抵偿赵国的意思,便走上前去说:"璧上有个小斑点,让我指给大王看。"秦王把璧交给他,相如于是手持璧玉退后几步靠在柱子上,怒发冲冠,对秦王说:"大王想得到宝璧,派人送信给赵王,赵王召集全体大臣商议,大家都说:'秦国贪得无厌,倚仗它的强大,想用空话得到宝璧,说给我们城邑恐怕不可能。'商议的结果是不想把宝璧给秦国。但是我认为平民百姓之间的交往尚且互相不欺骗,更何况是大国之间呢!况且为了一块璧玉的缘故就使强大的秦国不高兴,也是不应该的。于是赵王斋戒了五天,派我捧着宝璧,在殿堂上恭敬地拜送国书。为什么要这样呢?是尊重大国的威望以表示敬意呀。如今我来到贵国,大王却在一般的台观上接见我,礼节十分傲慢;得到宝璧后,传给姬妾们观看,这样来戏弄我。我观察大王没有给赵王十五城的诚意,所以我又取回宝璧。大王如果一定要逼我,我的头今天就同宝璧一起在柱子上撞碎!"相如手持宝璧,斜视庭柱,就要向庭柱上撞去。秦王怕他把宝璧撞碎,便向他道歉,坚决请求他不要如此,并召来有司查看地图,指明从某地到某地的十五座城邑都给赵国。

相如估计秦王只不过用欺诈手段假装给赵国城邑，实际上赵国根本不可能得到，于是就对秦王说："和氏璧是天下公认的宝物，赵王惧怕贵国，不敢不奉献出来。赵王送璧之前，斋戒了五天，如今大王也应斋戒五天，在殿堂上安排九宾大典，我才敢献上宝璧。"秦王估量，毕竟不可能强力夺取，于是就答应斋戒五天，把相如安置在广成宾馆。

相如估计秦王虽然答应斋戒，也必定背约不给城邑，便派他的随从穿上粗麻布衣服，怀中藏好宝璧，从小路逃出，把宝璧送回赵国。

秦王斋戒五天后，就在殿堂上安排了九宾的大典礼，宴请赵国使者蔺相如。相如来到后，对秦王说："秦国从穆公以来的二十余位君主，从没有一个是能切实遵守信约的。我实在是害怕被大王欺骗而对不起赵王，所以派人带着宝璧回去，已从小路回到赵国了。况且秦国强大赵国弱小，大王派遣一位使臣到赵国，赵国立即就会把璧送来。如今凭着秦国的强大，先把十五座城邑割让给赵国，赵国哪里敢留下宝璧而得罪大王呢？我知道欺骗大王是应该被诛杀的，我愿意接受汤镬之刑，只希望大王和各位大臣从长计议此事！"

秦王和群臣面面相觑，发出苦笑之声。侍从有人要拉相如去受刑，秦王趁机说："如今杀了相如，终归还是得不到宝璧，反而破坏了秦赵两国的交情，不如趁此好好款待他，放他回到赵国，赵王难道会为了一块璧玉的缘故而欺骗秦国吗！"最终还是在殿堂上隆重地接见了相如，大礼完后让他回了国。

相如回国后，赵王认为他是一位有德行、有才能的贤大夫，出使诸侯国，能做到不辱使命，于是封相如为上大夫。此后秦国并没有把城邑给赵国，赵国也始终不给秦国宝璧。

信陵君窃符救赵

司马迁

原文

魏公子无忌者，魏昭王少子，而魏安釐王异母弟也。昭王薨，安釐王即位，封公子为信陵君。

公子为人，仁而下士，士无贤不肖，皆谦而礼交之，不敢以其富贵骄士。士以此方数千里争往归之，致食客三千人。当是时，诸侯以公子贤，多客，不敢加兵谋魏十余年。

魏有隐士曰侯嬴，年七十，家贫，为大梁夷门监者。公子闻之，往请，欲厚遗之。不肯受，曰："臣修身洁行数十年，终不以监门困故而受公子财。"公子于是乃置酒，大会宾客。坐定，公子从车骑，虚左，自迎夷门侯生。侯生摄敝衣冠，直上载公子上坐，不让，欲以观公子。公子执辔愈恭。侯生又谓公子曰："臣有客在市屠中，原枉车骑过之。"公子引车入市，侯生下，见其客朱亥，俾倪，故久立与其客语，微察公子，公子颜色愈和。当是时，魏将相宗室宾客满堂，待公子举酒；市人皆观公子执辔。从骑皆窃骂侯生。侯生视公子色终不变，乃谢客就车。至家，公子引侯生坐上坐，遍赞宾客，宾客皆惊。酒酣，公子起，为寿侯生前。侯生因谓公子曰："今日嬴之为公子亦足矣！嬴乃夷门报关者也，而公子亲枉车骑自迎嬴于众人广坐之中，不宜有所过，今公子故过之。然嬴欲就公子之名，故久立公子车骑市中，过客以观公子，公子愈恭。市人皆以嬴为小人，而以公子为长者，能下士也。"

于是罢酒，侯生遂为上客。

侯生谓公子曰："臣所过屠者朱亥，此子贤者，世莫能知，故隐屠间耳。"公子往，数请之，朱亥故不复谢。公子怪之。

魏安釐王二十年，秦昭王已破赵长平军，又进兵围邯郸。公子姊为赵惠文王弟平原君夫人，数遗魏王及公子书，请救于魏。魏王使将军晋鄙将十万众救赵。秦王使使者告魏王曰："吾攻赵，旦暮且下，而诸侯敢救者，已拔赵，必移兵先击之。"魏王恐，使人止晋鄙，留军壁邺，名为救赵，实持两端以观望。平原君使者冠盖相属于魏，让魏公子曰："胜所以自附为婚姻者，以公子之高义，为能急人之困。今邯郸旦暮降秦而魏救不至，安在公子能急人之困也！且公子纵轻胜，弃之降秦，独不怜公子姊邪？"公子患之，数请魏王及宾客辩士说王万端。魏王畏秦，终不听公子。

公子自度终不能得之于王，计不独生而令赵亡，乃请宾客，约车骑百余乘，欲以客往赴秦军，与赵俱死。行过夷门，见侯生，具告所以欲死秦军状。辞决而行，侯生曰："公子勉之矣！老臣不能从。"公子行数里，心不快，曰：吾所以待侯生者备矣，天下莫不闻，今吾且死，而侯生曾无一言半辞送我，我岂有所失哉？"复引车还，问侯生。侯生笑曰："臣固知公子之还也。"曰："公子喜士，名闻天下。今有难，无他端，而欲赴秦军，譬若以肉投馁虎，何功之有哉？尚安事客？然公子遇臣厚，公子往而臣不送，以是知公子恨之复返也。"公子再拜，因问。侯生乃屏人间语曰："嬴闻晋鄙之兵符常在王卧内，而如姬最幸，出入王卧内，力能窃之。嬴闻如姬父为人所杀，如姬资之三年，自王以下，欲求报其父仇，莫能得。如姬为公子泣，公子使客斩其仇头，敬进如姬。如姬之欲为公子死，无所辞，顾未有路耳。公子诚一开口请如姬，如姬必许诺，则得虎符夺晋鄙军，北救赵而西却秦，此五霸之伐也。"公子从其计，请如姬。如姬果盗兵符与公子。

公子行，侯生曰："将在外，主令有所不受，以便国家。公子即合符，而晋鄙不授公子兵，而复请之，事必危矣。臣客屠者朱亥可与俱，此人力士。晋鄙听，大善；不听，可使击之。"于是公子泣，侯生曰："公子畏死邪？何泣也？"公子曰："晋鄙嚄唶宿将，往恐不听，必当杀之，是以泣耳，岂畏死哉？"于是公子请朱亥。朱亥笑曰："臣乃市井鼓刀屠者，而公子亲数存之，所以不报谢者，以为小礼无所用。今公子有急，此乃臣效命之秋也。"遂与公子俱。公子过谢侯生。侯生曰："臣宜从，老不能，请数公子行日，以至晋鄙军之日，北乡自刭以送公子。"公子遂行。

至邺，矫魏王令代晋鄙。晋鄙合符，疑之，举手视公子曰："今吾拥十万之众，屯于境上，国之重任。今单车来代之，何如哉？"欲无听。朱亥袖四十斤铁椎，椎杀晋鄙。公子遂将晋鄙军。勒兵下令军中曰："父子俱在军中，父归；兄弟俱在军中，兄归；独子无兄弟，归养。"得选兵八万人，进兵击秦军。秦军解去，遂救邯郸，存赵。赵王及平原君自迎公子于界，平原君负韣矢为公子先引。赵王再拜曰:"自古贤人未有及公子者也!"当此之时,平原君不敢自比于人。

公子与侯生决,至军,侯生果北乡自刭。

魏王怒公子之盗其兵符,矫杀晋鄙,公子亦自知也。已却秦存赵,使将将其军归魏,而公子独与客留赵。

译文

魏国公子无忌,是魏昭王的小儿子,魏安釐王同父异母的弟弟。昭王死后,安釐王登上王位,封公子为信陵君。

公子为人,待人仁爱,又能谦逊地对待士人。凡是士人,不论德才高低,公子都谦逊地有礼貌地同他们结交,不敢凭仗自己的富贵对士人骄傲。因此,方圆几千里以内的士人都争着去归附他,他招来了食客三千人。在这个时候,各国诸侯因为公子贤能,又有很多门客,有十多年不敢施加武力打魏国的主意。

魏国有位隐士,名叫侯嬴,七十岁了,家里贫穷,做大梁夷门的守门人。公子听说这么个人,就去拜访他,想送他一份厚礼,侯嬴不肯受,说:"我修养品德,保持操行的纯洁,已经几十年了,终竟不能因为看守城门穷困的缘故接受公子的财物。"公子于是办了酒席,大会宾客。(宾客)坐好以后,公子带着车马,空出车上左边的座位,亲自去迎接夷门的侯生。侯生撩起破旧的衣服,径直走上车子,坐在公子的上座,毫不谦让,想借此观察公子的态度。公子握着缰绳,(态度)更加恭敬。侯生又对公子说:"我有个朋友在肉市里,希望委屈你的车马去访问他。"公子就驱车进入肉市。侯生下了车,会见他的朋友朱亥,斜着眼睛傲视着,故意久久地站着跟他的朋友谈话,(一面)暗暗地观察公子,公子的脸色更加温和。在这个时候,魏国的将相和贵族以及其他宾客坐满堂上,等待公子开宴;市上的人都看着公子握着缰绳驾车,公子的随从都暗地骂侯生。侯生看见公子(温和的)脸色始终没有改变,才辞别朱亥登上车子。到了公子家中,公子领侯生坐在上座上,向侯生一个一个地介绍宾客,宾客都很吃惊。酒喝得正痛快的时候,公子站起来,到侯生面前为他举杯祝寿。侯生于是对公子说:"今天我难为您也算够了。我不过是夷门的看门人,公子却亲自委屈自己的车马,亲自迎接我。在大庭广众之中,不应该有逾越常礼之处,但今天公子特意逾越常礼。然而我想要成就公子爱士的美名,(所以)故意让公子的车马久久地站在市场中,借访问朋友来观察公子,

143

公子却更加恭敬。街上的人都认为我是小人，认为公子是有德行的人，能够谦虚地对待士人。"

于是结束宴会。侯生就成了公子的上客。

侯生对公子说："我访问的屠夫朱亥，这个人是有才德的人，世上没有哪个人了解他，因此隐居在屠户中间。"公子就前往朱亥家，屡次向他问候。朱亥故意不答谢。公子对此感到奇怪。

魏安釐王二十年，秦昭王已经打败了赵国长平的驻军，又进兵围攻邯郸。公子的姐姐是赵惠王的弟弟平原君的夫人，多次送信给魏王和公子，向魏王请求救兵，魏王派将军晋鄙率领十万军队援救赵国。秦昭王派使臣告诉魏王说："我进攻赵国（都城），早晚将要攻下来；如果诸侯有敢援救赵国的，我在攻克赵国后，一定调遣军队首先攻打它！"魏王害怕了，派人叫晋鄙停止前进，把军队驻扎在邺，名义上是救赵，实际上是两面讨好，以观望局势的变化。平原君的使臣连续不断地来到魏国，责备魏公子道："我之所以自愿高攀您结为姻亲，是因为公子义气高尚，是能够关心和解救别人困难的。现在邯郸早晚就要投降秦国了，魏国的救兵却还没有来，公子能关心和解救别人的困难这一点又表现在哪里呢！况且公子即使看不起我，抛弃我，让我投降秦国，难道就不可怜公子的姐姐吗？"公子为此事发愁，屡次请求魏王发兵，同时让自己的门客和辩士用各种理由劝说魏王，魏王害怕秦国，始终不肯听从公子。

公子自己估计，终究不能从魏王那里得到救兵，决计不独自活着而使赵国灭亡，于是邀请门客，准备了一百多辆车，想率领门客去同秦军拼命，与赵国人死在一起。走过夷门时，会见侯生，把打算去同秦军拼命的情况和原因全告诉侯生。告别出发，侯生说："公子努力吧！我不能跟您一道去。"公子走了几里路，心里不愉快，说："我对待侯生的礼节够周到了，天下没有谁不知道；现在我即将去死，可是侯生连一言半语送我的话都没有，我（对他）难道有礼节不周到的地方吗？"便又调转车子回来问侯生。侯生笑着说："我本来就知道公子会回来的。"接着说："公子喜爱士人，名声传遍天下。现在有危难，没有别的办法，却想赶去同秦军拼命，这就像拿肉投给饿虎，有什么用处呢？公子还用门客干什么？然而公子待我恩情深厚，公子前去（拼命）而我不送行，因此知道公子对此感到遗憾，一定会再回来的。"公子拜了两拜，说道："我听说晋鄙的兵符常放在魏王的卧室里，如姬最受宠爱，经常出入魏王的卧室，她有办法能够偷到它。我听说如姬的父亲被人杀了，如姬悬赏请人报仇有三年了，从魏王以下，都想办法替她报杀父之仇，但没有人能够做到。如姬对公子哭诉，公子派门客斩下她仇人的头，恭敬地献给如姬。如姬愿意为公子（出力，即使）献出生命，也不会推辞，只是没有机会罢了。公子果真开口请求如姬，如姬一定答应，那就可以得到兵符，夺取晋鄙的军队，北边救援赵国，西边打退秦国，这是五霸那样的功业啊。"公子依从他的计策，去请求如姬。如姬果然偷出兵符交给公子。

公子出发时，侯生说："将在外，国君的命令有的可以不接受，为了对国家有利。公子即使合了兵符，如果晋鄙不把军队交给公子，再向魏王请求，事情就一定危险了，晋鄙听从，那很好；不听从，就可以让朱亥击杀他。"于是公子哭起来。侯生说："公子怕死吗？为什么哭泣呢？"公子说："晋鄙是位叱咤风云的老将，我去（接他的兵权），恐怕他不会听从，必定要杀死他，因此哭泣，哪里是怕死呢！"于是公子去邀请朱亥。朱亥笑着说："我本是市场上一个操刀宰杀牲畜的人，可是公子多次亲自来慰问我，我之所以不回谢，是因为我认为小的礼节没有用处。现在公子有急难，这就是我替您贡献生命的时候了。"于是他就跟公子一同前去。公子又去向侯生辞别，侯生说："我应当跟您去，年老了，不能去了，请让我计算公子走路的日程，在您到达晋鄙军营的那天，我面向北方自杀，以此来送公子！"公子于是就出发了。

到了邺城，假传魏王的命令代替晋鄙。晋鄙合了兵符，对此感到怀疑，举起手来注视着公子，说："现在我统率十万大军，驻扎在边境上，这是国家交给的重任。如今你单车匹马来接替我，这是怎么回事呢？"想要不听从（命令）。朱亥拿出袖子里藏着的四十斤重的铁锤，用锤子打死了晋鄙。公子于是统率了晋鄙的军队。整顿队伍，给军中下了命令，说："父子都在军中的，父亲回去。兄弟都在军中的，哥哥回去。独子没有兄弟的，回家奉养父母。"（这样，）得到经过挑选的精兵八万人，进兵攻打秦军，秦军解围而去，于是救下了邯郸，保存了赵国。赵王和平原君亲自到城外迎接公子，平原君背着箭筒和弓箭给公子引路。赵王拜了两拜，说道："自古以来的贤人，没有比得上公子的啊！"（在）这时，平原君不敢拿自己和信陵君相比。

公子与侯生分别，到达晋鄙军中那天，侯生果然面向北方自杀了。

魏王恼恨公子偷了兵符，假传命令杀了晋鄙，公子自己也知道这些情况。已经击退了秦军保存了赵国之后，公子派部将率领军队回归魏国，他独自和门客留在赵国。

鸿门宴

司马迁

原文

沛公军霸上,未得与项羽相见。沛公左司马曹无伤使人言于项羽曰:"沛公欲王关中,使子婴为相,珍宝尽有之。"项羽大怒曰:"旦日飨士卒,为击破沛公军!"当是时,项羽兵四十万,在新丰鸿门;沛公兵十万,在霸上。范增说项羽曰:"沛公居山东时,贪于财货,好美姬。今入关,财物无所取,妇女无所幸,此其志不在小。吾令人望其气,皆为龙虎,成五采,此天子气也。急击勿失!"

楚左尹项伯者,项羽季父也,素善留侯张良。张良是时从沛公,项伯乃夜驰之沛公军,私见张良,具告以事,欲呼张良与俱去,曰:"毋从俱死也。"张良曰:"臣为韩王送沛公,沛公今事有急,亡去不义,不可不语。"

良乃入,具告沛公。沛公大惊,曰:"为之奈何?"张良曰:"谁为大王为此计者?"曰:"鲰生说我曰:'距关,毋内诸侯,秦地可尽王也。'故听之。"良曰:"料大王士卒足以当项王乎?"沛公默然,曰:"固不如也。且为之奈何?"张良曰:"请往谓项伯,言沛公不敢背项王也。"沛公曰:"君安与项伯有故?"张良曰:"秦时与臣游,项伯杀人,臣活之;今事有急,故幸来告良。"沛公曰:"孰与君少长?"良曰:"长于臣。"沛公曰:"君为我呼入,吾得兄事之。"张良出,要项伯。项伯即入见沛公。沛公奉卮酒为寿,约为婚姻,曰:"吾入关,秋毫不敢有所近,籍吏民,封府库,而待将军。所以遣将守关者,备他盗之出入与非常也。日夜望将军至,岂敢反乎!愿伯具言臣之不敢倍德也。"项伯许诺,谓沛公曰:"旦日不可不蚤自来谢项王。"沛公曰:"诺。"于是项伯复夜去,至军中,具以沛公言报项王,因言曰:"沛公不先破关中,公岂敢入乎?今人有大功而击之,不义也。不如因善遇之。"项王许诺。

沛公旦日从百余骑来见项王，至鸿门，谢曰："臣与将军戮力而攻秦，将军战河北，臣战河南，然不自意能先入关破秦，得复见将军于此。今者有小人之言，令将军与臣有郤……"项王曰："此沛公左司马曹无伤言之。不然，籍何以至此？"项王即日因留沛公与饮。项王、项伯东向坐，亚父南向坐。亚父者，范增也。沛公北向坐，张良西向侍。范增数目项王，举所佩玉玦以示之者三，项王默然不应。范增起，出，召项庄，谓曰："君王为人不忍。若入前为寿，寿毕，请以剑舞，因击沛公于坐，杀之。不者，若属皆且为所虏。"庄则入为寿。寿毕，曰："君王与沛公饮，军中无以为乐，请以剑舞。"项王曰："诺。"项庄拔剑起舞。项伯亦拔剑起舞，常以身翼蔽沛公，庄不得击。

　　于是张良至军门见樊哙。樊哙曰："今日之事何如？"良曰："甚急！今者项庄拔剑舞，其意常在沛公也。"哙曰："此迫矣！臣请入，与之同命。"哙即带剑拥盾入军门。交戟之卫士欲止不内，樊哙侧其盾以撞，卫士仆地，哙遂入，披帷西向立，瞋目视项王，头发上指，目眦尽裂。项王按剑而跽曰："客何为者？"张良曰："沛公之参乘樊哙者也。"项王曰："壮士，赐之卮酒。"则与斗卮酒。哙拜谢，起，立而饮之。项王曰："赐之彘肩。"则与一生彘肩。樊哙覆其盾于地，加彘肩上，拔剑切而啖之。项王曰："壮士！能复饮乎？"樊哙曰："臣死且不避，卮酒安足辞！夫秦王有虎狼之心，杀人如不能举，刑人如恐不胜，天下皆叛之。怀王与诸将约曰：'先破秦入咸阳者王之。'今沛公先破秦入咸阳，毫毛不敢有所近，封闭官室，还军霸上，以待大王来。故遣将守关者，备他盗出入与非常也。劳苦而功高如此，未有封侯之赏，而听细说，欲诛有功之人。此亡秦之续耳，窃为大王不取也！"项王未有以应，曰："坐。"樊哙从良坐。坐须臾，沛公起如厕，因招樊哙出。

　　沛公已出，项王使都尉陈平召沛公。沛公曰："今者出，未辞也，为之奈何？"樊哙曰："大行不顾细谨，大礼不辞小让。如今人方为刀俎，我为鱼肉，何辞为？"于是遂去。乃令张良留谢。良问曰："大王来何操？"曰："我持白璧一双，欲献项王，玉斗一双，欲与亚父。会其怒，不敢献。公为我献之。"张良曰："谨诺。"当是时，项王军在鸿门下，沛公军在霸上，相去四十里。沛公则置车骑，脱身独骑，与樊哙、夏侯婴、靳强、纪信等四人持剑盾步走，从郦山下，道芷阳间行。沛公谓张良曰："从此道至吾军，不过二十里耳。度我至军中，公乃入。"

　　沛公已去，间至军中。张良入谢，曰："沛公不胜杯杓，不能辞。谨使臣良奉白璧一双，再拜献大王足下，玉斗一双，再拜奉大将军足下。"项王曰："沛公安在？"良曰："闻大王有意督过之，脱身独去，已至军矣。"项王则受璧，置之坐上。亚父受玉斗，置之地，拔剑撞而破之，曰："唉！竖子不足与谋！夺项王天下者，必沛公也。吾属今为之虏矣！"

沛公至军，立诛杀曹无伤。

译文

刘邦驻军霸上，还没有能和项羽相见，刘邦的左司马曹无伤派人对项羽说："刘邦想要在关中称王，让子婴做丞相，珍宝全都被刘邦占有。"项羽大怒，说："明天犒劳士兵，给我打败刘邦的军队！"这时候，项羽的军队40万，驻扎在新丰鸿门；刘邦的军队10万，驻在霸上。范增劝告项羽说："沛公在崤山的东边的时候，对钱财货物贪恋，喜爱美女。现在进了关，不掠取财物，不迷恋女色，这说明他的志向不在小处。我叫人观望他那里的云气，都是龙虎的形状，呈现五彩的颜色，这是天子的气运呀！赶快攻打，不要失去机会。"

楚国的左尹项伯，是项羽的叔父，一向同留侯张良交好。张良这时正跟随着刘邦。项伯就连夜骑马跑到刘邦的军营，私下会见张良，把事情详细地告诉了他，想叫张良和他一起离开，说："不要和（刘邦）他们一起死了。"张良说："我是韩王派给沛公的人，现在沛公遇到危急的事，逃走是不守信义的，不能不告诉他。"

于是张良进去，详细地告诉了刘邦。刘邦大惊，说："这件事怎么办？"张良说："是谁给大王出这条计策的？"刘邦说："一个见识短浅的小子劝我说：'守住函谷关，不要放诸侯进来，秦国的土地可以全部占领而称王。'所以就听了他的话。"张良说："估计大王的军队足够用来抵挡项王吗？"刘邦沉默了一会儿，说："当然不如啊。这又将怎么办呢？"张良说："请您亲自告诉项伯，说刘邦不敢背叛项王。"刘邦说："你怎么和项伯有交情？"张良说："秦朝时，他和我交往，项伯杀了人，我使他活了下来；现在事情危急，幸亏他来告诉我。"刘邦说："他和你年龄谁大谁小？"张良说："比我大。"刘邦说："你替我请他进来，我要像对待兄长一样对待他。"张良出去，邀请项伯。项伯就进去见刘邦。刘邦捧上一杯酒向项伯祝酒，和项伯约定结为儿女亲家，说："我进入关中，一点东西都不敢据为己有，登记了官吏、百姓，封闭了仓库，等待将军到来。派遣将领把守函谷关的原因，是为了防备其他盗贼进来和意外的变故。

我日夜盼望将军到来，怎么敢反叛呢？希望您全部告诉项王我不敢背叛项王的恩德。"项伯答应了，告诉刘邦说："明天早晨不能不早些亲自来向项王道歉。"刘邦说："好。"于是项伯又连夜离去，回到军营里，把刘邦的话报告了项羽，趁机说："沛公不先攻破关中，你怎么敢进关来呢？现在人家有了大功，却要攻打他，这是不讲信义。不如趁此好好对待他。"项王答应了。

刘邦第二天早晨带着一百多人马来见项王，到了鸿门，向项王解释说："我和将军合力攻打秦国，将军在黄河以北作战，我在黄河以南作战，但是我自己没有料到能先进入关中，灭掉秦朝，能够在这里又见到将军。现在有小人的谣言，使您和我发生误会。"项王说："这是沛公的左司马曹无伤说的，如果不是这样，我怎么会这么生气？"项王当天就留下刘邦，和他饮酒。项王、项伯朝东坐，亚父朝南坐。亚父就是范增。刘邦朝北坐，张良朝西陪侍。范增多次向项王使眼色，再三举起他佩戴的玉玦暗示项王，项王沉默着没有反应。范增起身，出去召来项庄，说："君王为人心地不狠。你进去上前为他敬酒，敬酒完毕，请求舞剑，趁机把沛公杀死在座位上。否则，你们都将被他俘虏！"项庄就进去敬酒。敬完酒，说："君王和沛公饮酒，军营里没有什么可以用来作为娱乐的，请让我舞剑。"项王说："好。"项庄拔剑起舞，项伯也拔剑起舞，常常张开双臂像鸟儿张开翅膀那样用身体掩护刘邦，项庄无法刺杀。于是张良到军营门口找樊哙。

樊哙问："今天的事情怎么样？"张良说："很危急！现在项庄拔剑起舞，他的意图常在沛公身上啊！"樊哙说："这太危急了，请让我进去，跟他同生死。"于是樊哙拿着剑，持着盾牌，冲入军门。持戟交叉守卫军门的卫士想阻止他进去，樊哙侧着盾牌撞去，卫士跌倒在地上，樊哙就进去了，掀开帷帐朝西站着，瞪着眼睛看着项王，头发直竖起来，眼角都裂开了。项王握着剑挺起身问："客人是干什么的？"张良说："是沛公的参乘樊哙。"项王说："壮士！赏他一杯酒。"左右就递给他一大杯酒，樊哙拜谢后，起身，站着把酒喝了。项王又说："赏他一条猪的前腿。"左右就给了他一条未煮熟的猪的前腿。樊哙把他的盾牌扣在地上，把猪腿放（在盾）上，拔出剑来切着吃。项王说："壮士！还能喝酒吗？"樊哙说："我死都不怕，一杯酒有什么可推辞的？秦王有虎狼一样的心肠，杀人唯恐不能杀尽，惩罚人唯恐不能用尽酷刑，所以天下人都背叛他。怀王曾和诸将约定：'先打败秦军进入咸阳的人封作王。'现在沛公先打败秦军进了咸阳，一点儿东西都不敢动用，封闭了宫室，军队退回到霸上，等待大王到来。特意派遣将领把守函谷关的原因，是为了防备其他盗贼的进入和意外的变故。这样劳苦功高，没有得到封侯的赏赐，反而听信小人的谗言，想杀有功的人，这只是灭亡了的秦朝的继续罢了。我以为大王不应该采取这种做法。"项王没有话回答，说："坐。"樊哙挨着张良坐下。

　　坐了一会儿，刘邦起身上厕所，趁机把樊哙叫了出来。刘邦出去后，项王派都尉陈平去叫刘邦。刘邦说："现在出来，还没有告辞，这该怎么办？"樊哙说："做大事不必顾及小节，讲大礼不必计较小的谦让。现在人家正好比是菜刀和砧板，我们则好比是鱼和肉，告辞干什么呢？"于是就决定离去。刘邦就让张良留下来道歉。张良问："大王来时带了什么东西？"刘邦说："我带了一对玉璧，想献给项王；一双玉斗，想送给亚父。正碰上他们发怒，不敢奉献。你替我把它们献上吧。"张良说："好。"这时候，项王的军队驻在鸿门，刘邦的军队驻在霸上，相距四十里。刘邦就留下车辆和随从人马，独自骑马脱身，和樊哙、夏侯婴、靳强、纪信四人拿着剑和盾牌徒步逃跑，从郦山脚下，取道芷阳，抄小路走。刘邦对张良说："从这条路到我们军营，不过二十里罢了，估计我回到军营里，你再进去。"

　　刘邦离去后，从小路回到军营里。张良进去道歉，说："刘邦禁受不起酒力，不能当面告辞。让我奉上白璧一双，拜两拜敬献给大王；玉斗一双，拜两拜献给大将军。"项王说："沛公在哪里？"张良说："听说大王有意要责备他，脱身独自离开，已经回到军营了。"项王就接受了玉璧，把它放在座位上。亚父接过玉斗，放在地上，拔出剑来敲碎了它，说："唉！这小子不值得和他共谋大事！夺项王天下的人一定是刘邦。我们都要被他俘虏了！"

　　刘邦回到军中，立刻杀掉了曹无伤。

项羽之死

司马迁

原文

项王军壁垓下，兵少食尽，汉军及诸侯兵围之数重。夜闻汉军四面皆楚歌，项王乃大惊曰："汉皆已得楚乎？是何楚人之多也！"项王则夜起，饮帐中。有美人名虞，常幸从；骏马名骓，常骑之。于是项王乃悲歌慷慨，自为诗曰："力拔山兮气盖世，时不利兮骓不逝。骓不逝兮可奈何，虞兮虞兮奈若何！"歌数阕，美人和之。项王泣数行下，左右皆泣，莫能仰视。

于是项王乃上马骑，麾下壮士骑从者八百余人，直夜溃围南出，驰走。平明，汉军乃觉之，令骑将灌婴以五千骑追之。项王渡淮，骑能属者百余人耳。项王至阴陵，迷失道，问一田父，田父绐曰"左"。左，乃陷大泽中。以故汉追及之。项王乃复引兵而东，至东城，乃有二十八骑。汉骑追者数千人。项王自度不得脱。谓其骑曰："吾起兵至今八岁矣，身七十余战，所当者破，所击者服，未尝败北，遂霸有天下。然今卒困于此，此天之亡我，非战之罪也。今日固决死，愿为诸君快战，必三胜之，为诸君溃围，斩将，刈旗，令诸君知天亡我，非战之罪也。"

乃分其骑以为四队，四向。汉军围之数重。项王谓其骑曰："吾为公取彼一将。"令四面骑驰下，期山东为三处。于是项王大呼驰下，汉军皆披靡，遂斩汉一将。是时赤泉侯为骑将，追项王，项王瞋目而叱之，赤泉侯人马俱惊，辟易数里。与其骑会为三处。汉军不知项王所在，乃分军为三，复围之。项王乃驰，复斩汉一都尉，杀数十百人，复聚其骑，亡其两骑耳。乃谓其骑曰："何如？"骑皆伏曰："如大王言。"

于是项王乃欲东渡乌江。乌江亭长舣船待，谓项王曰："江东虽小，地方千里，众数十万人，亦足王也。愿大王急渡。今独臣有船，汉军至，无以渡。"项王笑曰："天之亡我，我何渡为！且籍与江东子弟八千人渡江而西，今无一人还，纵江东父兄怜而王我，我何面目见之？纵彼不言，籍独不愧于心乎！"乃谓亭长曰："吾知公长者，吾骑此马五岁，所当无敌，尝一日行千里，不忍杀之，以赐公。"乃令骑皆下马步行，持短兵接战。独籍所杀汉军数百人，项王身亦被十余创。顾见汉骑司马吕马童，曰："若非吾故人乎？"马童面之，指王翳曰："此项王也。"项王乃曰："吾闻汉购我头千金，邑万户，吾为若德。"乃自刎而死。

译文

项王的部队驻守在垓下，兵少粮尽，汉军及诸侯的军队把他重重包围。深夜，项羽听到汉军在四面唱着楚地的歌，项羽于是大为吃惊，说："难道汉军把楚人都征服了吗？他们那边楚人为什么这么多呀！"项王于是在夜里起来，在帐中饮酒。有美人名虞，一直受宠跟在项王身边；有骏马名骓，项羽一直骑着。这时候，项羽不禁情绪激昂唱起悲歌，自己作诗吟唱道："力量能拔山啊，英雄气概举世无双，时运不济时骓马不再奔跑！骓马不奔跑可将怎么办，虞姬呀虞姬，我将怎么安排你才妥善？"项王连唱几遍，美人虞姬应和着一同唱歌。项王眼泪一道道流下来，左右侍者也都跟着落泪，没有一个人忍心抬起头来看他。

在这种情况下，项羽独自一人骑上马，部下壮士八百多人骑马跟在后面，当夜突破重围，向南冲出。天刚亮的时候，汉军才发觉，命令骑将灌婴带领五千骑兵去追赶。项王渡过淮河，部下壮士能跟上的只剩下一百多人了。项王到达阴陵，迷了路，去问一个农夫，农夫骗他说："向左边走。"项王带人向左，陷进了大沼泽地中。因此，汉兵追上了他们。项王于是又带着骑兵向东跑，到达东城，这时就只剩下二十八人。汉军骑兵追赶上来的有几千人。项王自己估计不能逃脱了，对他的骑兵说："我带兵起义至今已经八年，亲自打了七十多仗，抵挡我的敌人都被打垮，我攻击的敌人无不降服，从来没有战败，因而能够称霸，据有天下。可是如今最终被困在这里，这是上天要灭亡我，决不是作战的过错。今天必死无疑，我愿意给诸位打个痛痛快快的仗，一定胜它三回，给诸位冲破重围，斩杀汉将，砍倒军旗，让诸位知道的确是上天要灭亡我，决不是作战的过错。"

于是把骑兵分成四队，面朝四个方向。汉军把他们包围起几层。项王对骑兵们说："我来给你们拿下一员汉将！"命令四面骑士驱马飞奔而下，约定冲到山的东边，分作三处集合。于是项王高声呼喊着冲了下去，汉军像草木随风倒伏一样溃败了，项王杀掉了一名汉将。这时，赤泉侯杨喜为汉军骑将，在后面追赶项王，项王瞪大眼睛呵叱他，赤泉侯连人带马都吓坏了，退避了好几里。项王与他的骑兵在三处会合了。汉军不知项王的去向，就把部队分为三路，再次包围上来。项王驱马冲了上去，又斩了一名汉军都尉，杀死有百八十人，聚拢骑兵，仅仅损失了两个人。项王问骑兵们道："怎么样？"骑兵们都敬服地说："正像大王说的那样。"

　　这时候，项王想要向东渡过乌江。乌江亭长正停船靠岸等在那里，对项王说："江东虽然小，但土地纵横各有一千里，民众有几十万，也足够让您称王了。希望大王快快渡江。现在只有我这儿有船，汉军到了，没法渡过去。"项王笑了笑说："上天要灭亡我，我还渡乌江干什么！再说我和江东子弟八千人渡江西征，如今没有一个人回来，纵使江东父老兄弟怜爱我让我做王，我又有什么脸面去见他们？纵使他们不说什么，我项籍难道心中没有愧吗？"又对亭长说："我知道您是位忠厚长者，我骑着这匹马征战了五年，所向无敌，曾经日行千里，我不忍心杀掉它，把它送给您吧。"命令骑兵都下马步行，手持短兵器与追兵交战。仅凭借项羽就杀死汉军几百人。项羽自己也负伤十多处。项王回头看见汉军骑司马吕马童，说："你不是我的老朋友吗？"马童这时才跟项王打了个对脸儿，于是把项羽指给王翳看："这才是项王。"于是项王说："我听说汉王用黄金千斤，封邑万户悬赏征求我的脑袋，我送你个人情吧！"说完便自刎而死。

群英会蒋干中计

罗贯中

原文

却说周瑜送了玄德,回至寨中,鲁肃入问曰:"公既诱玄德至此,为何又不下手?"瑜曰:"关云长,世之虎将也,与玄德行坐相随,吾若下手,他必来害我。"肃愕然。忽报曹操遣使送书至。瑜唤入。使者呈上书看时,封面上判云:"汉大丞相付周都督开拆。"瑜大怒,更不开看,将书扯碎,掷于地下,喝斩来使。肃曰:"两国相争,不斩来使。"瑜曰:"斩使以示威!"遂斩使者,将首级付从人持回。随令甘宁为先锋,韩当为左翼,蒋钦为右翼。瑜自部领诸将接应。来日四更造饭,五更开船,鸣鼓呐喊而进。

却说曹操知周瑜毁书斩使,大怒,便唤蔡瑁、张允等一班荆州降将为前部,操自为后军,催督战船,到三江口。早见东吴船只,蔽江而来。为首一员大将,坐在船头上大呼曰:"吾乃甘宁也!谁敢来与我决战?"蔡瑁令弟蔡壎前进。两船将近,甘宁拈弓搭箭,望蔡壎射来,应弦而倒。宁驱船大进,万弩齐发。曹军不能抵挡。右边蒋钦,左边韩当,直冲入曹军队中。曹军大半是青、徐之兵,素不习水战,大江面上,战船一摆,早立脚不住。甘宁等三路战船,纵横水面。周瑜又催船助战。曹军中箭着炮者,不计其数,从巳时直杀到未时。周瑜虽得利,只恐寡不敌众,遂下令鸣金,收住船只。

曹军败回。操登旱寨,再整军士,唤蔡瑁、张允责之曰:"东吴兵少,反为所败,是汝等不用心耳!"蔡瑁曰:"荆州水军,久不操练;青、徐之军,又素不习水战。故尔致败。今当先立水寨,令青、徐军在中,荆州军在外,每日教习精熟,方可用之。"操曰:"汝既为水军都督,可以便宜从事,何必禀我!"于是张、蔡二人,自去训练水军。沿江一带分二十四座水门,以大船居于外为城郭,小船居于内,可通往来，至晚点上灯火，照得天心水面通红。旱寨三百余里，烟火不绝。

却说周瑜得胜回寨，犒赏三军，一面差人到吴侯处报捷。当夜瑜登高观望，只见西边火光接天。左右告曰："此皆北军灯火之光也。"瑜亦心惊。次日，瑜欲亲往探看曹军水寨，乃命收拾楼船一只，带着鼓乐，随行健将数员，各带强弓硬弩，一齐上船迤逦前进。至操寨边，瑜命下了矴石，楼船上鼓乐齐奏。瑜暗窥他水寨，大惊曰："此深得水军之妙也！"问："水军都督是谁？"左右曰："蔡瑁、张允。"瑜思曰："二人久居江东，谙习水战，吾必设计先除此二人，然后可以破曹。"正窥看间，早有曹军飞报曹操，说："周瑜偷看吾寨。"操命纵船擒捉。瑜见水寨中旗号动，急教收起矴石，两边四下一齐轮转橹棹，望江面上如飞而去。比及曹寨中船出时，周瑜的楼船已离了十数里远，追之不及，回报曹操。

操问众将曰："昨日输了一阵，挫动锐气；今又被他深窥吾寨。吾当作何计破之？"言未毕，忽帐下一人出曰："某自幼与周郎同窗交契，愿凭三寸不烂之舌，往江东说此人来降。"曹操大喜，视之，乃九江人，姓蒋，名干，字子翼，现为帐下幕宾。操问曰："子翼与周公瑾相厚乎？"干曰："丞相放心。干到江左，必要成功。"操问："要将何物去？"干曰："只消一童随往，二仆驾舟，其余不用。"操甚喜，置酒与蒋干送行。

干葛巾布袍，驾一只小舟，径到周瑜寨中，命传报："故人蒋干相访。"周瑜正在帐中议事，闻干至，笑谓诸将曰："说客至矣！"遂与众将附耳低言，如此如此。众皆应命而去。瑜整衣冠，引从者数百，皆锦衣花帽，前后簇拥而出。蒋干引一青衣小童，昂然而来。瑜拜迎之。干曰："公瑾别来无恙！"瑜曰："子翼良苦，远涉江湖，为曹氏作说客耶？"干愕然曰："吾久别足下，特来叙旧，奈何疑我作说客也？"瑜笑曰："吾虽不及师旷之聪，闻弦歌而知雅意。"干曰："足下待故人如此，便请告退。"瑜笑而挽其臂曰："吾但恐兄为曹氏作说客耳。既无此心，何速去也？"遂同入帐。

叙礼毕，坐定，即传令悉召江左英杰与子翼相见。须臾，文官武将，各穿锦衣；帐下偏裨将校，都披银铠，分两行而入。瑜都教相见毕，就列于两傍而坐。大张筵席，奏军中得胜之乐，轮换行酒。瑜告众官曰："此吾同窗契友也。虽从江北到此，却不是曹家说客。公等勿疑。"遂解佩剑付太史慈曰："公可佩我剑作监酒。今日宴饮，但叙朋友交情；如有提起曹操与东吴军旅之事者，即斩之！"太史慈应诺，按剑坐于席上。蒋干惊愕，不敢多言。周瑜曰："吾自领军以来，滴酒不饮；今日见了故人，又无疑忌，当饮一醉。"说罢，大笑畅饮。座上觥筹交错。饮至半酣，瑜携干手，同步出帐外。左右军士，皆全装惯带，持戈执戟而立。瑜曰："吾之军士，颇雄壮否？"干曰："真熊虎之士也。"瑜又引干到帐后一望，粮草堆如山积。瑜曰："吾之粮草，颇足备否？"干曰："兵精粮足，名不虚传。"瑜佯醉大笑曰："想周瑜与子翼同学业时，不曾望有今日。"干曰："以吾兄高才，实不为过。"瑜执干手曰："大丈夫处世，遇知己之主，外托君臣之义，内结骨肉之恩，言必行，计必从，祸福共之。假使苏秦、张仪、陆贾、郦生复出，口似悬河，舌如利刃，安能动我心哉！"言罢大笑。蒋干面如土色。

　　瑜复携干入帐，会诸将再饮。因指诸将曰："此皆江东之英杰。今日此会，可名群英会。"饮至天晚，点上灯烛，瑜自起舞剑作歌。歌曰："丈夫处世兮立功名，立功名兮慰平生。慰平生兮吾将醉，吾将醉兮发狂吟！"歌罢，满座欢笑。

　　至夜深，干辞曰："不胜酒力矣。"瑜命撤席，诸将辞出。瑜曰："久不与子翼同榻，今宵抵足而眠。"于是佯作大醉之状，携干入帐共寝。瑜和衣卧倒，呕吐狼藉。蒋干如何睡得着？伏枕听时，军中鼓打二更，起视残灯尚明。看周瑜时，鼻息如雷。干见帐内桌上，堆着一卷文书，乃起床偷视之，却都是往来书信。内有一封，上写"蔡瑁张允谨封。"干大惊，暗读之。书略曰："某等降曹，非图仕禄，迫于势耳。今已赚北军困于寨中，但得其便，即将操贼之首，献于麾下。早晚人到，便有关报。幸勿见疑。先此敬覆。"干思曰："原来蔡瑁、张允结连东吴！"遂将书暗藏于衣内。再欲检看他书时，床上周瑜翻身，干急灭灯就寝。瑜口内含糊曰："子翼，我数日之内，教你看操贼之首！"干勉强应之。瑜又曰："子翼，且住！……教你看操贼之首！……"及干问之，瑜又睡着。干伏于床上，将近四更，只听得有人入帐唤曰："都督醒否？"周瑜梦中做忽觉之状，故问那人曰："床上睡着何人？"答曰："都督请子翼同寝，何故忘却？"瑜懊悔曰："吾平日未尝饮醉，昨日醉后失事，不知可曾说甚言语？"那人曰："江北有人到此。"瑜喝："低声！"便唤："子翼。"蒋干只装睡着。瑜潜出帐，干窃听之，只闻有人在外曰："张、蔡二都督道：'急切不得下手……'"后面言语颇低，听不真实。少顷，瑜入帐，又唤："子翼。"蒋干只是不应，蒙头假睡。瑜亦解衣就寝。

　　干寻思："周瑜是个精细人，天明寻书不见，必然害我。"睡至五更，干起唤周瑜，瑜却睡着。干戴上巾帻，潜步出帐，唤了小童，径出辕门。军士问："先生那里去？"干曰："吾在此恐误都督事，权且告别。"军士亦不阻挡。干下船，飞棹回见曹操。操问："子翼干事若何？"干曰："周瑜雅量高致，非言词所能动也。"操怒曰："事又不济，反为所笑！"干曰："虽不能说周瑜，却与丞相打听得一件事。乞退左右。"

　　干取出书信，将上项事逐一说与曹操。操大怒曰："二贼如此无礼耶！"即便唤蔡瑁、张允到帐下。操曰："我欲使汝二人进兵。"瑁曰："军尚未曾练熟，不可轻进。"操怒曰："军若练熟，吾首级献于周郎矣！"蔡、张二人不知其意，惊慌不能回答。操喝武士推出斩之，须臾，献头帐下，操方省悟曰："吾中计矣！"后人有诗叹曰："曹操奸雄不可当，一时诡计中周郎。蔡张卖主求生计，谁料今朝剑下亡！"众将见杀了张、蔡二人，入问其故。操虽心知中计，却不肯认错，乃谓众将曰："二人怠慢军法，吾故斩之。"众皆嗟呀不已。

操于众将内选毛玠、于禁为水军都督，以代蔡、张二人之职。细作探知，报过江东。周瑜大喜曰："吾所患者，此二人耳。今既剿除，吾无忧矣。"肃曰："都督用兵如此，何愁曹贼不破乎！"瑜曰："吾料诸将不知此计，独有诸葛亮识见胜我，想此谋亦不能瞒也。子敬试以言挑之，看他知也不知，便当回报。"正是：还将反间成功事，去试从旁冷眼人。

林教头风雪山神庙

施耐庵

原文

诗曰：
天理昭昭不可诬，莫将奸恶作良图。若非风雪沽村酒，定被焚烧化朽枯。
自谓冥中施计毒，谁知暗里有神扶？最怜万死逃生地，真是瑰奇伟丈夫。

话说当日林冲正闲走间，忽然背后人叫。回头看时，却认得是酒生儿李小二。当初在东京时，多得林冲看顾。这李小二先前在东京时，不合偷了店主人家财，被捉住了，要送官司问罪。却得林冲主张陪话，救了他免送官司；又与他陪了些钱财，方得脱免。京中安不得身，又亏林冲赍发他盘缠，于路投奔人。不想今日却在这里撞见。林冲道："小二哥，你如何也在这里？"李小二便拜道："自从得恩人救济，赍发小人，一地里投奔人不着。迤逦不想来到沧州，投托一个酒店里姓王，留小人在店中做过卖。因见小人勤谨，安排的好菜蔬，调和的好汁水，来吃的人都喝彩，以此买卖顺当。主人家有个女儿，就招了小人做女婿。如今丈人丈母都死了，只剩得小人夫妻两个，权在营前开了个茶酒店。因讨钱过来，遇见恩人。恩人不知为何事在这里？"林冲指着脸上道："我因恶了高太尉，生事陷害，受了一场官司，刺配到这里。如今叫我管天王堂，未知久后如何。不想今日到此遇见。"

李小二就请林冲到家里面坐定，叫妻子出来拜了恩人。两口儿欢喜道："我夫妻二人正没个亲眷，今日得恩人到来，便是从天降下。"林冲道："我是罪囚，恐怕玷辱你夫妻两个。"李小二道："谁不知恩人大名？休恁地说。但有衣服，便拿来家里浆洗缝补。"当时管待林冲酒食，至夜送回天王堂。次日，又来相请。因此，林冲得李小二家来往，不时间送汤送水，来营里与林冲吃。林冲因见他两口儿恭勤孝顺，常把些银两与他做本钱。不在话下。有诗为证：

  才离寂寞神堂路，又守萧条草料场。
  李二夫妻能爱客，供茶送酒意偏长。

  且把闲话休题，只说正话。迅速光阴，却早冬来。林冲的绵衣裙袄，都是李小二浑家整治缝补。忽一日，李小二正在门前安排菜蔬下饭，只见一个人闪将进来，酒店里坐下，随后又一人入来。看时，前面那个人是军官打扮，后面这个走卒模样，跟着也来坐下。李小二入来问道："可要吃酒？"只见那个人将出一两银子与小二道："且收放柜上，取三四瓶好酒来。客到时，果品酒馔只顾将来，不必要问。"李小二道："官人请甚客？"那人道："烦你与我去营里请管营、差拨两个来说话。问时，你只说有个官人请说话，商议些事务。专等，专等。"李小二应承了，来到牢城里，先请了差拨，同到管营家里，请了管营，都到酒店里。只见那个官人和管营、差拨两个讲了礼。管营道："素不相识，动问官人高姓大名？"那人道："有书在此，少刻便知。且取酒来。"李小二连忙开了酒，一面铺下菜蔬果品酒馔。那人叫讨副劝盘来，把了盏，相让坐了。小二独自一个穿梭也似伏侍不暇。那跟来的人讨了汤桶，自行烫酒。约计吃过十数杯，再讨了按酒，铺放桌上。只见那人说道："我自有伴当烫酒。不叫，你休来，我等自要说话。"

  李小二应了，自来门首叫老婆道："大姐，这两个人来的不尴尬。"老婆道："怎么的不尴尬？"小二道："这两个人语言声音是东京人，初时又不认得管营。向后我将按酒入去，只听得差拨口里讷出一句'高太尉'三个字来。这人莫不与林教头身上有些干碍？我自在门前理会。你且去阁子背后，听说什么。"老婆道："你去营中寻林教头来认他一认。"李小二道："你不省得，林教头是个性急的人。摸不着便要杀人放火。倘或叫的他来看了，正是前日说的什么陆虞候，他肯便罢？做出事来，须连累了我和你。你只去听一听再理会。"老婆道："说的是。"便入去听了一个时辰，出来说道："他那三四个交头接耳说话，正不听得说什么。只见那一个军官模样的人，去伴当怀里，取出一帕子物事，递与管营和差拨。帕子里面的莫不是金银。只听差拨口里说道：'都在我身上，好歹要结果了他性命。'"正说之间，阁子里叫："将汤来。"李小二急去里面换汤时，看见管营手里拿着一封书。小二换了汤，添些下饭。又吃了半个时辰，算还了酒钱。管营、差拨先去了。次后，那两个低着头也去了。

  转背没多时，只见林冲走将入店里来，说道："小二哥，连日好买卖。"李小二慌忙道："恩人请坐。小人却待正要寻恩人，有些要紧话说。"有诗为证：

  潜为奸计害英雄，一线天教把信通。

亏杀有情贤李二，暗中回护有奇功。

　　当下林冲问道："什么要紧的事？"小二哥请林冲到里面坐下，说道："却才有个东京来的尴尬人，在我这里请管营、差拨吃了半日酒。差拨口里讷出高太尉三个字来。小人心下疑，又着浑家听了一个时辰，他却交头接耳说话，都不听得。临了只见差拨口里应道：'都在我两个身上，好歹要结果了他。'那两个把一包金银，都与管营、差拨。又吃一回酒，各自散了。不知什么样人。小人心下疑，只怕恩人身上有些妨碍。"林冲道："那人生得什么模样？"李小二道："五短身材，白净面皮，没什髭须。约有三十余岁。那跟的也不长大，紫棠色面皮。"林冲听了，大惊道："这三十岁的正是陆虞侯！那泼贱贼也敢来这里害我！休要撞着我，只教他骨肉为泥！"李小二道："只要提防他便了，岂不闻古人言：'吃饭防噎，走路防跌。'"林冲大怒，离了李小二家，先去街上买把解腕尖刀，带在身上。前街后巷，一地里去寻。李小二夫妻两个，捏着两把汗。

　　当晚无事。次日，天明起来，早洗漱罢，带了刀又去沧州城里城外，小街夹巷，团团寻了一日。牢城营里都没动静。林冲又来对李小二道："今日又无事。"小二道："恩人，只愿如此。只是自放仔细便了。"林冲自回天王堂，过了一夜。街上寻了三五日，不见消耗，林冲也自心下慢了。到第六日，只见管营叫唤林冲到点视厅上，说道："你来这里许多时，柴大官人面皮不曾抬举的你。此间东门外十五里，有座大军草场，每月但是纳草纳料的，有些常例钱取觅。原是一个老军看管，如今，我抬举你去替那老军来守天王堂，你在那里寻几贯盘缠。你可和差拨便去那里交割。"林冲应道："小人便去。"当时离了营中，径到李小二家，对他夫妻两个说道："今日管营拨我去大军草场管事，却如何？"李小二道："这个差使，又好似天王堂。那里收草料时，有些常例钱钞。往常不使钱时，不能勾这差使。"林冲道："却不害我，倒与我好差使，正不知何意？"李小二道："恩人休要疑心。只要没事便好了。只是小人家离得远了，过几时挪工夫来望恩人。"就时家里安排几杯酒，请林冲吃了。

　　话不絮烦，两个相别了。林冲自来天王堂取了包裹，带了尖刀，拿了条花枪，与差拨一同辞了管营。两个取路投草料场来。正是严冬天气，彤云密布，朔风渐起，却早纷纷扬扬卷下一天大雪来。那雪早下得密了。怎见得好雪？有临江仙词为证：

　　作阵成团空里下，这回忒杀堪怜，剡溪冻住猷船。玉龙鳞甲舞，江海尽平填，宇宙楼台都压倒，长空飘絮飞绵。三千世界玉相连，冰交河北岸，冻了十余年。

　　大雪下得正紧，林冲和差拨两个，在路上又没买酒吃处，早来到草料场外。看时，一周遭有些黄土墙，两扇大门，推开看里面时，七八间草房做着仓廒，四下里都是马草堆，中间两座草厅。到那厅里，只见那老军在里面向火。差拨说道："管营差这个林冲来替你回天王堂看守，你可即便交割。"老军拿了钥匙，引着林冲，吩咐道："仓廒内自有官司封记。这几堆草，一堆堆都有数目。"老军都点见了堆数，又引林冲到草厅上。老军收拾行李，临了说道："火盆、锅子、碗碟，都借与你。"林冲道："天王堂内，我也有在那里，你要便拿了去。"老军指壁上挂一个大葫芦说道："你若买酒吃时，只出草场，投东大路去三二里，便有市井。"老军自和差拨回营里来。

只说林冲就床上放了包裹被卧，就坐下生些焰火起来。屋边有一堆柴炭，拿几块来，生在地炉里。仰面看那草屋时，四下里崩坏了，又被朔风吹撼，摇振得动。林冲道："这屋如何过得一冬？待雪晴了，去城中唤个泥水匠来修理。"向了一回火，觉得身上寒冷，寻思："却才老军所说，五里路外有那市井，何不去沽些酒来吃？"便去包里取些碎银子，把花枪挑了酒葫芦，将火炭盖了，取毡笠子戴上，拿了钥匙，出来把草厅门拽上。出到大门首，把两扇草场门反拽上锁了。带了钥匙，信步投东。雪地里踏着碎琼乱玉，迤逦背着北风而行。那雪正下得紧。

行不上半里多路，看见一所古庙。林冲顶礼道："神明庇佑，改日来烧钱纸。"又行了一回，望见一簇人家。林冲住脚看时，见篱笆中挑着一个草帚儿在露天里。林冲径到店里。主人道："客人那里来？"林冲道："你认得这个葫芦么？"主人看了道："这葫芦是草料场老军的。"林冲道："原来如此。"店主道："既是草料场看守大哥，且请少坐。天气寒冷，且酌三杯，权当接风。"店家切一盘熟牛肉，烫一壶热酒，请林冲吃。又自买了些牛肉，又吃了数杯，就又买了一葫芦酒，包了那两块牛肉，留下碎银子，把花枪挑了酒葫芦，怀内揣了牛肉，叫声相扰，便出篱笆门，依旧迎着朔风回来。看那雪到晚越下的紧了。古时有个书生，做了一个词，单题那贫苦的恨雪：

广莫严风刮地，这雪儿下的正好。扯絮挦绵，裁几片大如栲栳。见林间竹屋茅茨，争些儿被他压倒。富室豪家，却言道压瘴犹嫌少。向的是兽炭红炉，穿的是绵衣絮袄。手捻梅花，唱道国家祥瑞，不念贫民些小。高卧有幽人，吟咏多诗草。

再说林冲踏着那瑞雪，迎着北风，飞也似奔到草场门口，开了锁入内看时，只叫得苦。原来天理昭然，佑护善人义士。因这场大雪，救了林冲的性命。那两间草厅，已被雪压倒了。林冲寻思："怎地好？"放下花枪、葫芦在雪里，恐怕火盆内有火炭延烧起来。搬开破壁子，探半身入去摸时，火盆内火种，都被雪水浸灭了。林冲把手床上摸时，只拽得一条絮被。林冲钻将出来，见天色黑了。寻思："又没打火处，怎生安排？"想起："离了这半里路上，有个古庙，可以安身。

我且去那里宿一夜。等到天明，却做理会。"把被卷了，花枪挑着酒葫芦，依旧把门拽上锁了，望那庙里来。入的庙门，再把门掩上，傍边止有一块大石头，掇将过来靠了门。入的里面看时，殿上做着一尊金甲山神。两边一个判官，一个小鬼。侧边堆着一堆纸。团团看来，又没邻舍，又无庙主。林冲把枪和酒葫芦放在纸堆上，将那条絮被放开，先取下毡笠子，把身上雪都抖了，把上盖白布衫脱将下来，早有五分湿了，和毡笠放在供桌上。把被扯来盖了半截下身。却把葫芦冷酒提来便吃，就将怀中牛肉下酒。正吃时，只听得外面必必剥剥地爆响。林冲跳起身来，就壁缝里看时，只见草料场里火，刮刮杂杂烧着。

　　当时林冲便拿枪，却待开门来救火，只听得前面有人说将话来。林冲就伏在庙听时，是三个人脚步响，且奔庙里来。用手推门，却被林冲靠住了，推也推不开。三人在庙檐下立地看火。数内一个道："这条计好么？"一个应道："端的亏管营、差拨两位用心。回到京师，禀过太尉，都保你二位做大官。这番张教头没的推故。"那人道："林冲今番直吃我们对付了。高衙内这病必然好了。"又一个道："张教头那厮，三回五次托人情去说：'你的女婿殁了。'张教头越不肯应承。因此衙内病患看看重了。太尉特使俺两个央浼二位干这件事，不想而今完备了。"又一个道："小人直爬入墙里去，四下草堆上点了十来个火把，待走那里去？"那一个道："这早晚烧个八分过了。"又听一个道："便逃得性命时，烧了大军草料场，也得个死罪。"又一个道："我们回城里去罢。"一个道："再看一看，拾得他一两块骨头回京府里见太尉和衙内时，也道我们也能会干事。"

　　林冲听那三个人时，一个是差拨，一个是陆虞候，一个是富安。林冲道："天可怜见林冲！若不是倒了草厅，我准定被这厮们烧死了！"轻轻把石头掇开，挺着花枪，一手拽开庙门，大喝一声："泼贼那里去！"三个人急要走时，惊得呆了，正走不动。林冲举手，察的一枪，先戳倒差拨。陆虞候叫声饶命，吓的慌了手脚，走不动。那富安走不到十来步，被林冲赶上，后心只一枪，又戳倒了。翻身回来，陆虞候却才行的三四步。林冲喝声道："好贼！你待那里去？"劈胸只一提，丢翻在雪地上，把枪搠在地里，用脚踏住胸脯，身边取出那口刀来，便去陆谦脸上搁着，喝道："泼贼！我自来又和你无什么冤仇，你如何这等害我！正是：'杀人可恕，情理难容。'"陆虞候告道："不干小人事，太尉差遣，不敢不来。"林冲骂道："奸贼，我与你自幼相交，今日倒来害我，怎不干你事！且吃我一刀。"把陆谦上身衣服扯开，把尖刀向心窝里只一剜，七窍迸出血来。将心肝提在手里。回头看时，差拨正爬将起来要走。林冲按住喝道："你这厮原来也恁的歹，且吃我一刀。"又早把头割下来，挑在枪上。回来把富安、陆谦头都割下来。把尖刀插了,将三个人头发结做一处,提入庙里来,都摆在山神面前供桌上,再穿了白布衫,系了胳膊,把毡笠子带上,将葫芦里冷酒都吃尽了。被与葫芦都丢了不要。提了枪,便出庙门投东去。

孙悟空三打白骨精

吴承恩

原文

却说三藏师徒,次日天明,收拾前进。那镇元子与行者结为兄弟,两人情投意合,决不肯放,又安排管待,一连住了五六日。那长老自服了草还丹,真似脱胎换骨,神爽体健。他取经心重,那里肯淹留,无已,遂行。

师徒别了上路,早见一座高山。三藏道:"徒弟,前面有山险峻,恐马不能前,大家须仔细仔细。"行者道:"师父放心,我等自然理会。"好猴王,他在那马前,横担着棒,剖开山路,上了高崖,看不尽:

峰岩重叠,涧壑湾环。虎狼成阵走,麂鹿作群行。无数獐犯钻簇簇,满山狐兔聚丛丛。千尺大蟒,万丈长蛇。大蟒喷愁雾,长蛇吐怪风。道旁荆棘牵漫,岭上松楠秀丽。薜萝满目,芳草连天。影落沧溟北,云开斗柄南。万古常含元气老,千峰巍列日光寒。

那长老马上心惊,孙大圣布施手段,舞着铁棒,哮吼一声,唬得那狼虫颠窜,虎豹奔逃。师徒们入此山,正行到嵯峨之处,三藏道:"悟空,我这一日,肚中饥了,你去那里化些斋吃?"行者陪笑道:"师父好不聪明。这等半山之中,前不巴村,后不着店,有钱也没买处,教往那里寻斋?"三藏心中不快,口里骂道:"你这猴子!想你在两界山,被如来压在石匣之内,口能言,足不能行,也亏我救你性命,摩顶受戒,做了我的徒弟。怎么不肯努力,常怀懒惰之心!"行者道:"弟子亦颇殷勤,何尝懒惰?"三藏道:"你既殷勤,何不化斋我吃?我肚饥怎行?况此地山岚瘴气,怎么得上雷音?"行者道:"师父休怪,少要言语。我知你尊性高傲,十分违慢了你,便要念那话儿咒。你下马稳坐,等我寻那里有人家处化斋去。"

行者将身一纵,跳上云端里,手搭凉篷,睁眼观看。可怜西方路甚是寂寞,

更无庄堡人家,正是多逢树木少见人烟去处。看多时,只见正南上有一座高山,那山向阳处,有一片鲜红的点子。行者按下云头道:

"师父,有吃的了。"那长老问甚东西,行者道:"这里没人家化饭,那南山有一片红的,想必是熟透了的山桃,我去摘几个来你充饥。"三藏喜道:"出家人若有桃子吃,就为上分了,快去!"行者取了钵盂,纵起祥光,你看他筋斗幌幌,冷气嗖嗖,须臾间,奔南山摘桃不题。

却说常言有云:山高必有怪,岭峻却生精。果然这山上有一个妖精,孙大圣去时,惊动那怪。他在云端里,踏着阴风,看见长老坐在地下,就不胜欢喜道:"造化!造化!几年家人都讲东土的唐和尚取大乘,他本是金蝉子化身,十世修行的原体。有人吃他一块肉,长寿长生。真个今日到了。"那妖精上前就要拿他,只见长老左右手下有两员大将护持,不敢拢身。他说两员大将是谁?说是八戒、沙僧。八戒、沙僧虽没什么大本事,然八戒是天蓬元帅,沙僧是卷帘大将,他的威气尚不曾泄,故不敢拢身。妖精说:"等我且戏他戏,看怎么说。"

好妖精,停下阴风,在那山凹里,摇身一变,变做个月貌花容的女儿,说不尽那眉清目秀,齿白唇红,左手提着一个青砂罐儿,右手提着一个绿磁瓶儿,从西向东,径奔唐僧。圣僧歇马在山岩,忽见裙钗女近前。翠袖轻摇笼玉笋,湘裙斜拽显金莲。汗流粉面花含露,尘拂蛾眉柳带烟。仔细定睛观看处,看看行至到身边。三藏见了,叫:"八戒,沙僧,悟空才说这里旷野无人,你看那里不走出一个人来了?"八戒道:"师父,你与沙僧坐着,等老猪去看看来。"那呆子放下钉钯,整整直裰,摆摆摇摇,充作个斯文气象,一直的觌面相迎。真个是远看未实,近看分明,那女子生得:

冰肌藏玉骨,衫领露酥胸。柳眉积翠黛,杏眼闪银星。月样容仪俏,天然性格清。体似燕藏柳,声如莺啭林。半放海棠笼晓日,才开芍药弄春晴。

那八戒见他生得俊俏,呆子就动了凡心,忍不住胡言乱语,叫道:"女菩萨,往那里去?手里提着是什么东西?"分明是个妖怪,他却不能认得。那女子连声答应道:"长老,我这青罐里是香米饭,绿瓶里是炒面筋,特来此处无他故,因还誓愿要斋僧。"八戒闻言,满心欢喜,急抽身,就跑了个猪颠风,报与三藏道:"师父!吉人自有天报!师父饿了,教师兄去化斋,那猴子不知那里摘桃儿耍子去了。桃子吃多了,也有些嘈人,又有些下坠。你看那不是个斋僧的来了?"唐僧不信道:"你这个夯货胡缠!我们走这向,好人也不曾遇着一个,斋僧的从何而来!"八戒道:"师父,这不到了?"

三藏一见,连忙跳起身来,合掌当胸道:"女菩萨,你府上在何处住?是甚人家?

有甚愿心，来此斋僧？"分明是个妖精，那长老也不认得。那妖精见唐僧问他来历，他立地就起个虚情，花言巧语来赚哄道："师父，此山叫做蛇回兽怕的白虎岭，正西下面是我家。我父母在堂，看经好善，广斋方上远近僧人，只因无子，求福作福，生了奴奴，欲扳门第，配嫁他人，又恐老来无倚，只得将奴招了一个女婿，养老送终。"三藏闻言道："女菩萨，你语言差了。圣经云：父母在，不远游，游必有方。你既有父母在堂，又与你招了女婿，有愿心，教你男子还，便也罢，怎么自家在山行走？又没个侍儿随从。这个是不遵妇道了。"

那女子笑吟吟，忙陪俏语道："师父，我丈夫在山北凹里，带几个客子锄田。这是奴奴煮的午饭，送与那些人吃的。只为五黄六月，无人使唤，父母又年老，所以亲身来送。忽遇三位远来，却思父母好善，故将此饭斋僧，如不弃嫌，愿表芹献。"三藏道："善哉！善哉！我有徒弟摘果子去了，就来，我不敢吃。假如我和尚吃了你饭，你丈夫晓得，骂你，却不罪坐贫僧也？"那女子见唐僧不肯吃，却又满面春生道："师父啊，我父母斋僧，还是小可；我丈夫更是个善人，一生好的是修桥补路，爱老怜贫。但听见说这饭送与师父吃了，他与我夫妻情上，比寻常更是不同。"三藏也只是不吃，旁边却恼坏了八戒。那呆子努着嘴，口里埋怨道："天下和尚也无数，不曾像我这个老和尚罢软！现成的饭三分儿倒不吃，只等那猴子来，做四分才吃！"他不容分说，一嘴把个罐子拱倒，就要动口。

只见那行者自南山顶上，摘了几个桃子，托着钵盂，一筋斗，点将回来，睁火眼金睛观看，认得那女子是个妖精，放下钵盂，掣铁棒，当头就打。唬得个长老用手扯住道："悟空！你走将来打谁？"行者道："师父，你面前这个女子，莫当做个好人。他是个妖精，要来骗你哩。"三藏道："你这猴头，当时倒也有些眼力，今日如何乱道！这女菩萨有此善心，将这饭要斋我等，你怎么说他是个妖精？"行者笑道："师父，你那里认得！老孙在水帘洞里做妖魔时，若想人肉吃，便是这等：或变金银，或变庄台，或变醉人，或变女色。有那等痴心的，爱上我，我就迷他到洞里，尽意随心，或蒸或煮受用；吃不了，还要晒干了防天阴哩！师父，我若来迟，你定入他套子，遭他毒手！"那唐僧那里肯信，只说是个好人。行者道："师父，我知道你了，你见他那等容貌，必然动了凡心。若果有此意，叫八戒伐几棵树来，沙僧寻些草来，我做木匠，就在这里搭个窝铺，你与他圆房成事，我们大家散了，却不是件事业？何必又跋涉，取甚经去！"那长老原是个软善的人，那里吃得他这句言语，羞得个光头彻耳通红。三藏正在此羞惭，行者又发起性来，掣铁棒，望妖精劈脸一下。

那怪物有些手段，使个解尸法，见行者棍子来时，他却抖擞精神，预先走了，把一个假尸首打死在地下。唬得个长老战战兢兢，口中作念道："这猴着然无礼！屡劝不从，无故伤人性命！"行者道："师父莫怪，你且来看看这罐子里是甚东西。"沙僧搀着长老，近前看时，那里是甚香米饭，却是一罐子拖尾巴的长蛆，也不是面筋，却是几个青蛙、癞虾蟆，满地乱跳。长老才有三分儿信了，怎禁猪八戒气不忿，在旁漏八分儿唆嘴道："师父，说起这个女子，他是此间农妇，因为送饭下田，路遇我等，却怎么栽他是个妖怪？哥哥的棍重，走将来试手打他一下，不期就打杀了；怕你念什么紧箍儿咒，故意的使个障眼法儿，变做这等样东西，演幌你眼，使不念咒哩。"

　　三藏自此一言，就是晦气到了：果然信那呆子撺唆，手中捻诀，口里念咒，行者就叫："头疼！头疼！莫念！莫念！有话便说。"唐僧道："有甚话说！出家人时时常要方便，念念不离善心，扫地恐伤蝼蚁命，爱惜飞蛾纱罩灯。你怎么步步行凶，打死这个无故平人，取将经来何用？你回去罢！"行者道："师父，你教我回那里去？"唐僧道："我不要你做徒弟。"行者道："你不要我做徒弟，只怕你西天路去不成。"唐僧道："我命在天，该那个妖精蒸了吃，就是煮了，也算不过。终不然，你救得我的大限？你快回去！"行者道："师父，我回去便也罢了，只是不曾报得你的恩哩。"唐僧道："我与你有甚恩？"那大圣闻言，连忙跪下叩头道："老孙因大闹天宫，致下了伤身之难，被我佛压在两界山，幸观音菩萨与我受了戒行，幸师父救脱吾身，若不与你同上西天，显得我知恩不报非君子，万古千秋作骂名。"原来这唐僧是个慈悯的圣僧，他见行者哀告，却也回心转意道："既如此说，且饶你这一次，再休无礼。如若仍前作恶，这咒语颠倒就念二十遍！"行者道："三十遍也由你，只是我不打人了。"却才伏侍唐僧上马，又将摘来桃子奉上。唐僧在马上也吃了几个，权且充饥。

　　却说那妖精，脱命升空。原来行者那一棒不曾打杀妖精，妖精出神去了。他在那云端里，咬牙切齿，暗恨行者道："几年只闻得讲他手段，今日果然话不虚传。那唐僧已此不认得我，将要吃饭。若低头闻一闻儿，我就一把捞住，却不是我的人了？不期被他走来，弄破我这勾当，又几乎被他打了一棒。若饶了这个和尚，诚然是劳而无功也，我还下去戏他一戏。"好妖精，按落阴云，在那前山坡下，摇身一变，变作个老妇人，年满八旬，手拄着一根弯头竹杖，一步一声的哭着走来。八戒见了，大惊道："师父！不好了！那妈妈儿来寻人了！"唐僧道："寻甚人？"八戒道："师兄打杀的，定是他女儿。这个定是他娘寻将来了。"行者道："兄弟莫要胡说！那女子十八岁，这老妇有八十岁，怎么六十多岁还生产？断乎是个假的，等老孙去看来。"好行者，拽开步，走近前观看，那怪物：假变一婆婆，两鬓如冰雪。走路慢腾腾，行步虚怯怯。弱体瘦伶仃，脸如枯菜叶。颧骨望上翘，嘴唇往下别。老年不比少年时，满脸都是荷叶摺。

行者认得他是妖精，更不理论，举棒照头便打。那怪见棍子起时，依然抖擞，又出化了元神，脱真儿去了，把个假尸首又打死在山路之下。唐僧一见，惊下马来，睡在路旁，更无二话，只是把紧箍儿咒颠倒足足念了二十遍。可怜把个行者头，勒得似个亚腰儿葫芦，十分疼痛难忍，滚将来哀告道："师父莫念了！有甚话说了罢！"唐僧道："有甚话说！出家人耳听善言，不堕地狱。我这般劝化你，你怎么只是行凶？把平人打死一个，又打死一个，此是何说？"行者道："他是妖精。"唐僧道："这个猴子胡说！就有这许多妖怪！你是个无心向善之辈，有意作恶之人，你去罢！"行者道："师父又教我去，回去便也回去了，只是一件不相应。"唐僧道："你有甚么不相应处？"八戒道："师父，他要和你分行李哩。跟着你做了这几年和尚，不成空着手回去？你把那包袱里的什么旧褊衫，破帽子，分两件与他罢。"行者闻言，气得暴跳道："我把你这个尖嘴的夯货！老孙一向秉教沙门，更无一毫嫉妒之意，贪恋之心，怎么要分什么行李？"唐僧道："你既不嫉妒贪恋，如何不去？"行者道："实不瞒师父说，老孙五百年前，居花果山水帘洞大展英雄之际，收降七十二洞邪魔，手下有四万七千群怪，头戴的是紫金冠，身穿的是赭黄袍，腰系的是蓝田带，足踏的是步云履，手执的是如意金箍棒，着实也曾为人。

自从涅槃罪度，削发秉正沙门，跟你做了徒弟，把这个金箍儿勒在我头上，若回去，却也难见故乡人。师父果若不要我，把那个松箍儿咒念一念，退下这个箍子，交付与你，套在别人头上，我就快活相应了，也是跟你一场。莫不成这些人意儿也没有了？"唐僧大惊道："悟空，我当时只是菩萨暗受一卷紧箍儿咒，却没有甚么松箍儿咒。"行者道："若无松箍儿咒，你还带我去走走罢。"长老又没奈何道："你且起来，我再饶你这一次，却不可再行凶了。"行者道："再不敢了，再不敢了。"又伏侍师父上马，剖路前进。

却说那妖精，原来行者第二棍也不曾打杀他。那怪物在半空中，夸奖不尽道："好个猴王，着然有眼！我那般变了去，他也还认得我。这些和尚，他去得快，若过此山，西下四十里，就不伏我所管了。若是被别处妖魔捞了去，好道就笑破他人口，使碎自家心，我还下去戏他一戏。"好妖怪，按耸阴风，在山坡下摇身一变，变成一个老公公，真个是：白发如彭祖，苍髯赛寿星，耳中鸣玉磬，眼里幌金星。手拄龙头拐，身穿鹤氅轻。数珠掐在手，口诵南无经。唐僧在马上见了，心中欢喜道："阿弥陀佛！西方真是福地！那公公路也走不上来，逼法的还念经哩。"

八戒道："师父，你且莫要夸奖，那个是祸的根哩。"唐僧道："怎么是祸根？"

八戒道："行者打杀他的女儿，又打杀他的婆子，这个正是他的老儿寻将来了。我们若撞在他的怀里呵，师父，你便偿命，该个死罪；把老猪为从，问个充军；沙僧喝令，问个摆站；那行者使个遁法走了，却不苦了我们三个顶缸？"行者听见道："这个呆根，这等胡说，可不唬了师父？等老孙再去看看。"

他把棍藏在身边，走上前迎着怪物，叫声："老官儿，往那里去？怎么又走路，又念经？"那妖精错认了定盘星，把孙大圣也当做个等闲的，遂答道："长老啊，我老汉祖居此地，一生好善斋僧，看经念佛。命里无儿，止生得一个小女，招了个女婿，今早送饭下田，想是遭逢虎口。老妻先来找寻，也不见回去，全然不知下落，老汉特来寻看。果然是伤残他命，也没奈何，将他骸骨收拾回去，安葬茔中。"行者笑道："我是个做吓虎的祖宗，你怎么袖子里笼了个鬼儿来哄我？你瞒了诸人，瞒不过我！我认得你是个妖精！"那妖精唬得顿口无言。行者掣出棒来，自忖思道："若要不打他，显得他倒弄个风儿；若要打他，又怕师父念那话儿咒语。"又思量道："不打杀他，他一时间抄空儿把师父捞了去，却不又费心劳力去救他？还打的是！就一棍子打杀他，师父念起那咒，常言道，虎毒不吃儿。凭着我巧言花语，嘴伶舌便，哄他一哄，好道也罢了。"好大圣，念动咒语叫当坊土地、本处山神道："这妖精三番来戏弄我师父，这一番却要打杀他。你与我在半空中作证，不许走了。"众神听令，谁敢不从？都在云端里照应。那大圣棍起处，打倒妖魔，才断绝了灵光。

香菱学诗

曹雪芹

原文

　　香菱见过众人之后，吃过晚饭，宝钗等都往贾母处去了，自己便往潇湘馆中来。此时黛玉已好了大半，见香菱也进园来住，自是欢喜。香菱因笑道："我这一进来了，也得了空儿，好歹教给我作诗，就是我的造化了！"黛玉笑道："既要作诗，你就拜我为师。我虽不通，大略也还教得起你。"香菱笑道："果然这样，我就拜你为师。你可不许腻烦的。"黛玉道："什么难事，也值得去学！不过是起承转合，当中承转是两副对子，平声对仄声，虚的对实的，实的对虚的，若是果有了奇句，连平仄虚实不对都使得的。"
　　香菱笑道："怪道我常弄一本旧诗偷空儿看一两首，又有对得极工的，又有不对的，又听见说'一三五不论，二四六分明'的。看古人的诗上亦有顺的，亦有二四六上错了的，所以天天疑惑。如今听你一说，原来这些格调规矩竟是末事，只要词句新奇为上。"黛玉道："正是这个道理，词句究竟还是末事，第一立意要紧。若意趣真了，连词句不用修饰，自是好的，这叫做'不以词害意'。"
　　香菱笑道："我只爱陆放翁的诗'重帘不卷留香久，古砚微凹聚墨多'，说的真有趣！"黛玉道："断不可学这样的诗。你们因不知诗，所以见了这浅近的就爱，一入了这个格局，再学不出来的。你只听我说，你若真心要学，我这里有《王摩诘全集》，你且把他的五言律读一百首，细心揣摩透熟了，然后再读一百二十首老杜的七言律，次再李青莲的七言绝句读一百二十首。肚子里先有了这三个人作了底子，然后再把陶渊明、应玚、谢、阮、庾、鲍等人的一看。你又是一个极聪敏伶俐的人，不用一年的工夫，不愁不是诗翁了！"
　　香菱听了，笑道："既这样，好姑娘，你就把这书给我拿出来，我带回去夜里念几首也是好的。"黛玉听说，便命紫鹃将王右丞的五言律拿来，递与香菱，又道："你只看有红圈的都是我选的，有一首念一首。不明白的问你姑娘，或者遇见我，我讲与你就是了。"香菱拿了诗，回至蘅芜苑中，诸事不顾，只向灯下一首一首的读起来。宝钗连催他数次睡觉，他也不睡。宝钗见他这般苦心，只得随他去了。

一日，黛玉方梳洗完了，只见香菱笑吟吟的送了书来，又要换杜律。黛玉笑道："共记得多少首？"香菱笑道："凡红圈选的我尽读了。"黛玉道："可领略了些滋味没有？"香菱笑道："领略了些滋味，不知可是不是，说与你听听。"黛玉笑道："正要讲究讨论，方能长进。你且说来我听。"

香菱笑道："据我看来，诗的好处，有口里说不出来的意思，想去却是逼真的。有似乎无理的，想去竟是有理有情的。"黛玉笑道："这话有了些意思，但不知你从何处见得？"香菱笑道："我看他《塞上》一首，那一联云：'大漠孤烟直，长河落日圆。'想来烟如何直？日自然是圆的：这'直'字似无理，'圆'字似太俗。合上书一想，倒像是见了这景的。若说再找两个字换这两个，竟再找不出两个字来。再还有'日落江湖白，潮来天地青'：这'白''青'两个字也似无理。想来，必得这两个字才形容得尽，念在嘴里倒像有几千斤重的一个橄榄。还有'渡头余落日，墟里上孤烟'：这'余'字和'上'字，难为他怎么想来！我们那年上京来，那日下晚便挽住船，岸上又没有人，只有几棵树，远远的几家人家作晚饭，那个烟竟是碧青，连云直上。谁知我昨日晚上读了这两句，倒像我又到了那个地方去了。"

正说着，宝玉和探春也来了，也都入坐听他讲诗。宝玉笑道："既是这样，也不用看诗。会心处不在远，听你说了这两句，可知'三昧'你已得了。"黛玉笑道："你说他这'上孤烟'好，你还不知他这一句还是套了前人的来。我给你这一句瞧瞧，更比这个淡而现成。"说着便把陶渊明的"暧暧远人村，依依墟里烟"翻了出来，递与香菱。香菱瞧了，点头叹赏，笑道："原来'上'字是从'依依'两个字上化出来的。"

宝玉大笑道："你已得了，不用再讲，若再讲，倒学离了。你就作起来，必是好的。"探春笑道："明儿我补一个柬来，请你入社。"香菱笑道："姑娘何苦打趣我，我不过是心里羡慕，才学着顽罢了。"探春黛玉都笑道："谁不是顽？难道我们是认真作诗呢！若说我们认真成了诗，出了这园子，把人的牙还笑掉了呢。"

宝玉道："这也算自暴自弃了。前日我在外头和相公们商议画儿，他们听见咱们起诗社，求我把稿子给他们瞧瞧。我就写了几首给他们看看，谁不真心叹服。他们都抄了刻去了。"探春黛玉忙问道："这是真话么？"宝玉笑道："说谎的是那架上的鹦哥。"黛玉探春听说，都道："你真真胡闹！且别说那不成诗，便是成诗，我们的笔墨也不该传到外头去。"

宝玉道："这怕什么！古来闺阁中的笔墨不要传出去，如今也没有人知道了。"说着，只见惜春打发了入画来请宝玉，宝玉方去了。

香菱又逼着黛玉换出杜律来，又央黛玉探春二人："出个题目，让我诌去，诌了来，替我改正。"黛玉道："昨夜的月最好，我正要诌一首，竟未诌成，你竟作一首来。十四寒的韵，由你爱用那几个字去。"

香菱听了，喜的拿回诗来，又苦思一回作两句诗，又舍不得杜诗，又读两首。如此茶饭无心，坐卧不定。宝钗道："何苦自寻烦恼。都是颦儿引的你，我和他算账去。你本来呆头呆脑的，再添上这个，越发弄成个呆子了。"香菱笑道："好姑娘，别混我。"一面说，一面作了一首，先与宝钗看。宝钗看了笑道："这个不好，不是这个作法。你别怕臊，只管拿了给他瞧去，看他是怎么说。"香菱听了，便拿了诗找黛玉。黛玉看时，只见写道是：

  月挂中天夜色寒，清光皎皎影团团。
  诗人助兴常思玩，野客添愁不忍观。
  翡翠楼边悬玉镜，珍珠帘外挂冰盘。
  良宵何用烧银烛，晴彩辉煌映画栏。

黛玉笑道："意思却有，只是措词不雅。皆因你看的诗少，被他缚住了。把这首丢开，再作一首，只管放开胆子去作。"

香菱听了，默默的回来，越性连房也不入，只在池边树下，或坐在山石上出神，或蹲在地下抠土，来往的人都诧异。李纨、宝钗、探春、宝玉等听得此信，都远远的站在山坡上瞧看他。只见他皱一回眉，又自己含笑一回。宝钗笑道："这个人定是疯了！昨夜嘟嘟哝哝直闹到五更天才睡下，没一顿饭的工夫天就亮了。我就听见他起来了，忙忙碌碌梳了头就找颦儿去。一回来了，呆了一日，作了一首又不好，这会子自然另作呢。"宝玉笑道："这正是'地灵人杰'，老天生人再不虚赋情性的。我们成日叹说，可惜他这么个人竟俗了，谁知到底有今日。可见天地至公。"宝钗笑道："你能够像他这苦心就好了，学什么有个不成的。"宝玉不答。

只见香菱兴兴头头的又往黛玉那边去了。探春笑道："咱们跟了去，看他有些意思没有。"说着，一齐都往潇湘馆来。只见黛玉正拿着诗和他讲究。众人因问黛玉作的如何。黛玉道："自然算难为他了，只是还不好。这一首过于穿凿了，还得另作。"众人因要诗看时，只见作道：

非银非水映窗寒，拭看晴空护玉盘。
　　淡淡梅花香欲染，丝丝柳带露初干。
　　只疑残粉涂金砌，恍若轻霜抹玉栏。
　　梦醒西楼人迹绝，余容犹可隔帘看。

　　宝钗笑道："不像吟月了，月字底下添一个'色'字倒还使得，你看句句倒是月色。这也罢了，原来诗从胡说来，再迟几天就好了。"香菱自为这首妙绝，听如此说，自己扫了兴，不肯丢开手，便要思索起来。因见他姊妹们说笑，便自己走至阶前竹下闲步，挖心搜胆，耳不旁听，目不别视。一时探春隔窗笑说道："菱姑娘，你闲闲罢。"香菱怔怔答道："'闲'字是十五删的，你错了韵了。"众人听了，不觉大笑起来。宝钗道："可真是诗魔了。都是颦儿引的他！"黛玉道："圣人说，'诲人不倦'，他又来问我，我岂有不说之理。"李纨笑道："咱们拉了他往四姑娘房里去，引他瞧瞧画儿，叫他醒一醒才好。"

　　说着，真个出来拉了他过藕香榭，至暖香坞中。惜春正乏倦，在床上歪着睡午觉，画缯立在壁间，用纱罩着。众人唤醒了惜春，揭纱看时，十停方有了三停。香菱见画上有几个美人，因指着笑道："这一个是我们姑娘，那一个是林姑娘。"探春笑道："凡会作诗的都画在上头，快学罢。"说着，顽笑了一回。

　　各自散后，香菱满心中还是想诗。至晚间对灯出了一回神，至三更以后上床卧下，两眼睁睁，直到五更方才朦胧睡去了。一时天亮，宝钗醒了，听了一听，他安稳睡了，心下想："他翻腾了一夜，不知可作成了？这会子乏了，且别叫他。"正想着，只听香菱从梦中笑道："可是有了，难道这一首还不好？"宝钗听了，又是可叹，又是可笑，连忙唤醒了他，问他："得了什么？你这诚心都通了仙了。学不成诗，还弄出病来呢。"一面说，一面梳洗了，会同姊妹往贾母处来。原来香菱苦志学诗，精血诚聚，日间做不出，忽于梦中得了八句。梳洗已毕，便忙写出，自己并不知好歹，便拿来又找黛玉。刚到沁芳亭，只见李纨与众姊妹方从王夫人处回来，宝钗正告诉他们说他梦中作诗说梦话。众人正笑，抬头见他来了，便都争着要诗看。

参考答案

《童真》

文中：

1. ①"惊"是因为原本憨憨的女儿会如实的告诉陌生男子，但实际是女儿对陌生男子有警惕之心，懂得保护自己，出乎我的意料。②"喜"是因为见到如此懂得保护自己的女儿，我不由地生出喜悦之情，再也不担心女儿被陌生人欺骗。

2. 运用了比喻、对比的修辞手法。把危险，世俗比作浊流，把孩子的童真与善良比作清泉，把浊流与清泉形成对比，表达了作者对孩子的童真与善良的赞美之情，像清泉一样让人觉得甘甜，突出童真的难能可贵。

3. 略

文末：

1.

地点	情节	心情
街边瓜果店	买东西得知女儿人缘好	忧心忡忡
早市	女儿得到小男孩邀请	心中为难
广场	女儿险些翻下吊椅	十分紧张
回家路上	女儿与陌生男子攀谈	惴惴不安
家中	发现女儿的童真、善良	无比欣慰

2.（1）"陌生的童真"是指女儿并不像我想象中的全然地信任陌生人。另一方面指的是成人已失去了童真，带着世故的眼光看待世界，不再相信陌生人。（2）看法：我"喜"是因为如此知道保护自己的女儿让我不由得生出惊喜之情，"忧"是因为女儿如此之小就懂得这些世俗的东西。（3）感悟：人与人之间应该多一些信任。

《痴心石》

文中：

1. "包涵"的含义是：父母对于"我"的那些怪癖，认为情有可原，而选择了理解与尊重。

2.①作者通过语言描写，细致地表达了父亲为"我"挑石头、洗石头的良苦用心和浓浓爱意。②作者描写"我"的心理活动（或：通过"我"的联想与想象），细腻地表达了"我"对父母"痴心之爱"的体悟、感动和自责。

3.面对父母的浓浓爱意，作者在第⑨段中说"一时里，我想骂他们太痴心"，是因为：作者一方面深深感受到父母的爱，他们想把"我"想得到的一切都给了"我"；另一方面因为父母为"我"付出太多而愧疚，"骂"实际上是反语。作者说"可是开不了口"的原因是："我"深深感受父母的爱，"我"怕一开口就会泪流满面。

文末：

1."石头"是文中传递情感、表达爱意的物品，用"痴心"修饰"石头"，表达了父母对我的爱达到了痴迷的程度，切中文章主旨。

2.不应删去，理由一：通过对拖树根后父母的一系列动作描写，表达了父母对"我"的包容和理解；理由二：引出"我"后来的种种怪癖，表现了父母对我的包涵；理由三：为下文父母在海边为"我"寻找"痴心石"埋下伏笔。

3.提示：肯定或否定这种做法均可以，但必须写出充足的理由。

《童年杂忆》

文中：

1.将回忆往事比喻为潮水，将珍贵的往事比喻为海藻和贝壳，生动形象地表现下文记述的童年往事的珍贵，以及对自己影响的深远。

2.略　3.形象地写出了书库对我巨大的诱惑力，以及我对书籍（读书）的痴爱。

4.突出表现《聊斋志异》是一本好书，人物刻画逼真，其中的人物，是人、是鬼、是狐，都有自己独特的性格。

5.从小穿男装，不扎耳朵眼，不穿紧鞋，骑马打枪。

6.勇敢，有思想的爱国军人。

文末：

1.内容：病中回忆起父母对自己思想、感情、健康成长的帮助和影响。结构：为下文回忆与父母的往事做铺垫。

2.对母亲将自己引入文学殿堂的感谢；对父亲的自由民主与爱国情感培养的感激；对国家的热爱和身为新中国人民的光荣和自豪；对快乐、开朗、健康童年生活的知足。

《女兵墓》

文中：

1. 略

2. 女兵照例跑上跑下为战士们检查身体，异常忙碌。

3. 敏锐，勇敢，不怕牺牲。

4.5. 略

6. 要点：女兵看到战友安全放心地笑，对自己的献身行为欣慰地笑；我们看到女兵起死回生高兴地笑。

文末：

1.

时间线索	深秋的一个清晨	几十年前	现在
所记事情	寻找（走向）女兵墓	追忆女兵墓	祭拜女兵墓
作者情感	尊敬	遗憾	欣慰

2. 表达了作者对无名女兵的崇敬赞美之情。女兵生前无名（没留下姓名）普通，死后墓地简陋清冷苍凉（草原、寒风、雪被、无名小溪）；生前为这块土地付出青春、热血和生命，死后还心安理得地守护在这里。

3. 不好。用"你"的称呼，像和战友倾心交谈，亲切而自然；把"你"换成"她"就产生了距离感。女兵平凡却伟大，柔弱却坚强，对工作兢兢业业，为保护男战友挺身而出，无怨无悔地献出生命，虽死犹生，永远活在作者的心中。

《丑石》

文中：1.2. 略

3. 运用对比的手法表现丑石的"无用"。

4. 形象生动地表现了天文学家发现这块石头时的惊喜与对它的高度重视。

5. 形容那"好些人"动作十分谨慎，丝毫不敢疏忽，突出对丑石的珍视及丑石的重要价值。

6. 不屈于误解、寂寞的生存的伟大。

文末：

1. 外形丑陋、丑石"无用"（不能做山墙，压铺台阶，洗石磨；不能雕字刻花，浣纱捶布）、人都骂它是丑石。

2. （1）这一句是文章的文眼。它既富于生活哲理，又包含着审美的独特性，揭示了丑石的外在丑与内在美的矛盾统一性。（2）这是文章的中心句，它抒发了作者对丑石内在伟大精神的赞美。

3. 作品通过描写一块长年累月埋没于污泥荒草中，不但不被村民们重视，反遭咒骂和唾弃，某一日被一个天文学家发现，终于时来运转成了无价之宝的"丑石"的遭遇，表达了作者对人生操守的探索和思考，抒发了作者对那种不屈于误解、甘于寂寞生存的高尚情怀的向往和赞美之情，表现了作者的人生追求。

表面丑而不为人欣赏的东西，也有它的价值；丑石默默忍受、坚定不移、甘于寂寞的品质，不屈于误解和寂寞生存的精神是伟大的，值得人们学习；认识人和事物不能光看外表的美与丑，真正的美，美在内在的价值。（可以从不同角度回答问题，能答出一个方面，言之成理即可）

《沙枣》

文中：

1. 这里指花香若有若无，时断时续。

2. 隐隐约约飘来的花香出自哪里。

3. 色彩极不鲜艳引人，但是它却有极浓的香味，悄悄地为人送着暗香。

4. 防风治沙

5. 运用拟人手法，表现了沙枣的壮观，突出了它的防风治沙的作用。

6. 围绕抗旱力强、自我保护力强，抗盐碱力强回答即可。

7. 运用比喻修辞，生动形象地写出了沙枣高大粗壮，林带密不透风、坚不可摧的特点，突出了沙枣林防风固沙的作用。

8. 质朴、顽强、吃苦耐劳

9. 这里沙枣的姿态和香气让人心情舒畅，精神愉快。

10. 沙枣，能上能下，能文能武。能防沙，能抗暴；也能给人以美的享受：依水梳妆，绕檐护荫，接天蔽日，迎风送香。

文末：

1. ①大学毕业到内蒙古临河县劳动，在门前空地上吃饭，隐隐约约闻到花香，不解其因；②第二天傍晚去挑水，知道原来醉人的香味是从沙枣发出的，揭开疑惑；③参加县里学习班对花香的认识进一步深化；④搬到县城中学，再次闻到沙枣的香，沙枣花香，一只飘在我心里。

2. 运用议论的表达方式，强调了沙枣对河套平原的重要性，表现了作者对沙枣的赞颂。

3.围绕沙枣的精神、我对沙枣的情感回答即可。沙枣的精神围绕质朴、坚韧、顽强、奉献等回答；我对沙枣的情感围绕欣赏、赞美、敬佩（激励）等回答。

4.写出一种植物，并进行生动描述。

《母亲》

文中：

1.从视觉、嗅觉、听觉、感觉等方面描写了母亲捶打野菜的情景。这样有声音、有颜色、有气味、有形状的立体记忆，（或这种感受生活和记忆事物的方式）在某种程度上决定了作者小说的面貌和特质。

2.母亲不逃避困难和不幸，乐观顽强地面对困难。

3.略

4.照应前文"正处于中国历史上一个艰难的时期"，引出下文我对母亲的担忧；体现生活的艰难、人性的脆弱，反衬母亲地坚强。

5.面对苦难要坚强地活下去，表现母亲的坚强和责任感；这种庄严的承诺，是为了消除儿子的担忧，体现了母爱的伟大。

6.这是宕开一笔，体现了散文形散神不散的特点。①内容上，与我母亲、父亲、爷爷的形象互补，说明无论何时何地，在灾难困苦当中，母亲和普通的人们，都表现出不屈不挠的精神和坚定不移的信念。丰富了内容，突出了主题。②让文章结构灵活多变，有迂回，有张力，为下文抒写感受作铺垫。

7."标准"指从母亲和父亲、爷爷那儿懂得的标准，即面对饥饿灾难，要忍受，有活下去的勇气、信念；要不屈不挠，有尊严、有骨气地活着。"本质"指人在严酷的现实中体现的脆弱、丑陋、堕落等，比如害怕死亡、饥饿、困难等；比如失去人的尊严、骨气；像保管员条件稍稍优越时，不懂得尊重别人，侮辱别人的人格和尊严等。

文末：

1.（1）记忆中母亲的生活行为影响了我感受生活和记忆事物的方式，决定了我小说的面貌和特质。

（2）母亲坦然接受磨难，面对苦难顽强活下去的生活态度和勇气影响"我"的作品主旨，让我在揭示社会黑暗和剖析人性残忍时，还能去讴歌人性中高贵的有尊严的一面。

2.一是孕育作用：①女人、母亲像大地孕育万物生命一样，孕育繁衍生命。

母亲用野菜支撑这个家。精神上，母亲父亲爷爷，历经苦难，不屈不挠，顽强乐观的精神和信念，对我人生价值标准的确定有着很大的影响。②母亲与故乡一起，让我体验到了饥饿岁月里真切的生活，孕育了我的文学才华，让我把握到文学的灵魂，获得创作的宝贵资源，形成了我小说的面貌和特质。

二是激励、推动作用。母亲、父亲、祖父这些普普通通的人们，虽历经苦难困厄也不屈不挠、顽强乐观的精神（信念），一直伴随、激励着"我"；这是一个民族能够在苦难中不堕落的根本保障。这种精神信念，又让其作品升华到一个更高境界。

3.（1）生命。文章表达了作者的生命意识——生命本身是高贵的，是有尊严的，抒写了作者对生命本源的珍惜与尊重。①生命因奋斗与拼搏而更美丽，更有意义。②生命境界的高下，不在于他的地位高低、金钱多寡，而在于他对事物的态度、对生命的认识，甚至是对死亡的心态。③人当然可以用自己的坚韧来证明生命的辉煌与伟大，不论做大树还是做小草，只要尽心尽职，就令人敬佩。④生命需要爱的激情，需要创造，需要多姿多彩的浪漫点缀，怨天尤人只会加重我们的失望和叹息。尽管我们苦苦追寻最终还是无法躲避死亡的圈套，但我们还要抓住生的每一个瞬间，挖掘生命的价值，能燃烧时就尽情地燃烧，烧尽了就自然地熄灭，这才是人生的真谛。

（2）母亲。作者笔下的母亲是坚韧、勤劳、朴实与伟大的，作者把母亲看作是生命的载体和精神之源，表达了自己由衷的尊敬与感恩。①生活中，母亲给了我生命，哺育我成长，教育我成人，应该铭记，应该感恩。②要学习母亲的不离不弃、勇敢坚强的品质，敢于担当，尽职尽责。

4.①从内容上，为了更好地全面揭示普通人身上的宝贵品质，丰富了文章内容；如果不写父亲、爷爷，内容就显得单薄。②从主旨上看，我的母亲教育我，人要忍受苦难，不屈不挠地活下去；我的父亲和爷爷又教育我，人要有尊严地活着，互为补充，文章有厚重感。③从人物形象上，母亲和父亲、爷爷相互映衬补充，为我树立了光辉的榜样。④其他方面，可以使我体验和洞察人性的复杂和单纯，不光使我认识到人性的最低标准，也使我看透了人的本质的某些方面。

《让我流泪的香橡皮》

文中：

1. 略

2. 练习本总先用铅笔在正反面写，再用钢笔覆盖一遍；捡瓶塞等橡胶制品代替橡皮来用。

3. 自尊敏感。

4.5. 略

6. 为我所做的一切事情而感到惭愧，是我对不起翠兰。

文末：

1. 写家境贫寒为下文"我"送翠兰香橡皮、翠兰不接受、香橡皮不见后翠兰买香橡皮等情节做铺垫，突出翠兰自尊、为他人着想等性格特征。

2. 主要特征：漂亮，优秀，自尊敏感，为他人着想。

《阳关雪》

文末

1. 开头两段，作者由己及人，写到了今人的历史文化情结，不仅为寻访阳关蓄势（1分），而且暗示作者的阳关之旅也是一次文化之旅（1分）。散文开头描写环境景物议论：引出话题，引出下文……活动内容，作铺垫，照应题目，点明主旨）格式：概况内容观点＋固定术语①我曾有缘……

2. 作者此处思接千载，视通万里，展开丰富的联想，用三组排比再现了沙场征战和亲人们的思念，内涵丰富，苍凉悲壮，富有感染力。（联想和排比，2分；概括内容，1分；效果1分）

3. 唐代没有把属于艺术家的自信延续久远，艺术只是为了制造娱乐（2分）；西出阳关的文人大多是谪官逐臣，抒发的只是叹息（1分）。（联系上下文）

4. A C（6分）（承上启下，结尾段使文章结构更严谨；游记题材，线索是行踪；文章情节细节）

5. 文中不止一次写雪，在不断点题的同时（1分），也为全文营造了一种苍凉悲壮的氛围（1分），增添了阳关的沧桑之感（1分）。（环境景物天气描写：点题照应题目；营造……氛围；增添情感基调）

6. 天气寒冷，路途遥远，作者孤身前往（2分）；曾经验证过人生壮美和艺术情怀弘广的阳关没能继续享用温醇的诗句，而今成为废墟（2分）。（概况含义：浅层概况游记内容；深层点明主旨情感）

《驿路梨花》

文中

1. 梨花在人们需要帮助的时候出现，不仅给人以惊喜，更多的是给人以希望和安慰。我们焦急的心顿时平静下来了。

2. "香气四溢的梨花林里"，环境是多么美好；"一个身穿着花衫的哈尼小姑娘在梨花丛中歌唱"，美好的环境烘托出梨花姑娘，自然界的梨花衬托着梨花姑娘，表现出梨花姑娘的无限美丽。情深才会成梦，这看到梨花姑娘的梦境描写，表现了"我"对她的衷心赞美。

3. 描写了老人行礼的动作，表现出老人对小姑娘们诚挚的感谢之情。

4. 本篇对解放军和梨花姑娘，运用了间接（侧面）描写人物的方法。运用这种写人方法，把作品的现在时间集中在一个夜晚和早晨，插叙过去的事件，大大节省了篇幅，构成了曲折生动、波澜起伏的故事情节，有利于表达作品的主题。

5. "很受感动"表明了她对发扬雷锋精神的解放军同志的敬仰，也点出了日后照管小茅屋的感情因素。"常常"，说明她发扬雷锋精神助人为乐成为自觉行动。

6. 雷锋精神代代传（点拨：答案不统一，对仗不必很工整，只要能表现本文主题思想就行）

文末

1. 她美丽、活泼、纯洁、热情，有助人为乐的精神。

2. 十多年前，解放军行军在树林里淋了雨，他们想到并且为过路人盖了一座小茅屋。解放军走了，为了继续方便过路人，梨花姑娘常常照料这小茅屋。

插叙的作用是，交代了小茅屋的搭建者、照料者，以及这样做的原因，歌颂了发扬雷锋精神的人。

3. 明确：有四处。

（1）白色梨花开满枝头，多么美丽的一片梨树林啊！

（2）一弯新月升起了，我们借助淡淡的月光，在忽明忽暗的梨树林里走着。山间的夜风吹得人脸上凉凉的，梨花的白色花瓣轻轻飘落在我们身上。

（3）这天夜里，我睡得十分香甜，梦中恍惚在那香气四溢的梨花林里漫步，还看见一个身穿着花衫的哈尼小姑娘在梨花丛中歌唱……

（4）我望着这群充满朝气的哈尼小姑娘和那洁白的梨花，不由得想起一句诗："驿路梨花处处开"。

以梨花美景来衬托美丽的梨花姑娘，以花写人，以花映人，写出了花的美，更突出了人的精神的美。表达出对助人为乐的雷锋精神的赞美之情。

《我的一位国文老师》

文中

1.连用两个表程度的副词"最"突出强调了国文先生在"我"记忆中的位置，同时也勾起了读者阅读的欲望。

2.作者用生动的细节描写把徐老师蛮横凶狠好骂的性格刻画得惟妙惟肖。这一段的描述看似不敬，看似不雅，但我们丝毫看不出厌恶，看不出仇恨。我们感觉到的更多的却是有趣、好玩，甚至是可爱。作者实际上是在用一种风趣幽默的笔调来调侃自己所喜欢的尊长，不敬的描写中饱含的却是深深的爱意。

3."受益最多"既照应文章开头，又统领下文。

文末

1.①凶 ②自己选辑教材、有意思的朗读 ③修改作文

2."怅惘"的内容：离开恩师将近五十年，未曾通音讯，不知道老师的近况。"敬慕"的内容：徐老师很有才学，教学水平高，对学生负责。

3.示例1：作者先写徐先生古怪外貌和神态，作文课上他骂我"你是什么东西，我把你一眼看到底"来突出他的凶。又写他自己选辑教材，有意思的朗诵，用大墨杠子大勾大抹地批改我的作文使我受益良多，突出了他才学很高，对学生认真负责的态度。全文采用了欲扬先抑（前后对比）的写法，把一位普通的国文老师写得生动而令人难忘。

示例2：作者写徐老师的外貌，用了肖像描写，写他上课时的情形，用了语言描写、动作描写，突出了徐老师"凶"的特点；写他修改我的作文时用了细节描写，表现了他的认真负责。文章综合运用多种人物描写方法，将徐老师的形象塑造得生动而让人难忘。

《忆冼星海》

文末

1.答案示例：①魁梧奇伟，沉默寡言②战胜了生活的坎坷，成就了伟大的抱负③在西安与冼星海相见。

2.答案示例：①听《黄河大合唱》之后，"发生崇高的情感"。②能写出具有"伟大的气魄"作品的冼星海是怎样一个人。

3.答案示例一：作者先写听《黄河大合唱》和看《冼星海作曲图》，从侧面表现出冼星海的气魄和神韵；然后再正面写与冼星海的见面，通过对他滔滔不绝

谈吐的描述以及"要写，还得回中国来"的语言描写，表现了他热情开朗的性格和炽热的爱国情怀。文章正面描写与侧面描写相结合，使冼星海这一形象生动而感人。

答案示例二：作者虽与冼星海只见过一面，但印象深刻。作者详细记述了这次见面的情形，描写了冼星海滔滔不绝的谈吐，计划写《民族交响乐》的创作激情，以及"要写，还得回中国来"的铿锵话语，在对人物的描写中，生动地刻画了一个热情开朗、才华横溢、充满爱国情怀的音乐家形象，给读者留下了深刻的印象。

4. 运用铺垫手法，使读者对冼星海有个全面深刻的了解，使冼星海的形象更加鲜明。说熟识，是已从侧面对冼星海有了较全面较深刻的了解；说生疏，是过去还从未跟冼星海见过面。

5. 作者以写两人的唯一一次见面，并听到他的创作计划，然而他却不能回来了，来表现自己的伤悲。接着，作者又通过"我在写这小文的时候还觉得我是在做噩梦"，"我看到报上的消息时，我半响说不出话"，"这样一个人，怎么就死了。"这些带有极强感情色彩的语句，抒发了对冼星海之死的悲伤。

6. 这是对"一个生龙活虎般的具有伟大气魄"，"抱有崇高理想的冼星海"的高度肯定，说明冼星海将永远活在作者的心中，同样也活在诸多读者的心中。一个具有非凡的音乐才能，具有伟大气魄，抱有崇高理想的冼星海将永垂不朽。

《痕》

文中

1. 小说开篇写街心公园绿意盎然，祥和宁静，既交代了人物的活动环境，又暗寓小说的主题：这样的环境是老马他们的努力换来的。

2. ①承上启下：承接上文写刘汉泰的狡猾等内容，引出下文刘汉泰被老马制服等内容。②刘汉泰极其狡猾，但最终还是栽在了老马手里，作者这样写衬托出了老马本领之高强。

3. 表现了刘汉泰看到了昔日死敌晚景如此"狼狈"而幸灾乐祸的心理。

4. 既写出刘汉泰对当年之事心有余悸，又写出此时他对老马的敬畏。

文末

1. ①运用了倒叙。先从如今的街心公园写起，然后写到二十年前。②以时间为顺序。从"寒冷的冬夜"写到"春天里"，再写到"秋末的一个傍晚"，层次井然，而且富有象征意义。③以刘汉泰为视角来写主人公刑警老马。刘汉泰反衬了老马的高大形象，而且使老马这一人物更加真实可信。

2."痕"具有多重意蕴：①表面上是写刘汉泰等犯罪分子和老马身上的伤痕；②老马身上各种形状的伤痕，突显了老马英勇无畏的精神；③刘汉泰腿上的伤痕既是对犯罪分子的警醒，也是老马宽厚仁慈的体现；④老马等人浴血奋斗的精神也将被人们所铭记，在人们的心中留痕。（言之成理即可。）

3.①本领突出。②勇敢无畏。③仁慈宽厚。（意思相近即可）

4. A D（B"对老马的同情"错，作者描写了老马年老时和年轻时的不同，意在表达对老马的敬仰；C"变为喜欢，而且喜欢是由衷的。"错，此时刘汉泰"开心极了"是因为他觉得曾差点置他于死地的老马也会变成今天这个样子，因而非常开心，这体现了刘汉泰对老马的仇视；E"主要抨击了刘汉泰之类罪犯的凶残。"错，作者以此为题主要目的是褒扬老马不怕牺牲的精神）

《灯》

文末

1.①无意中使人受惠的灯；（平房射出的灯光，雪夜豆大的灯光）②有意为亲人、情人而点的灯；（哈里希岛的长夜孤灯，希洛点燃的火炬，友人看见的油灯）③有意为陌生人所点的灯。

2.光明与希望；温暖和美好；人性的善良；心灵之灯、精神之灯。

3.①运用比喻的修辞，把马路比作大海，表现出环境的黑暗，表达作者内心的苦闷和痛苦。②动作描写，灯光给"我"带来光明、指明方向，带来心灵的安慰、鼓舞。

4.光明终将驱散黑暗，希望之灯永照人间，表达了作者高昂的乐观主义精神。

《淡竹》

文中

1.运用拟人化手法，表达了作者对淡竹品质的崇敬和赞美。

2.特点：有无穷的欲望，难以抵挡灿烂而虚无的诱惑。作用：为下文写竹作铺垫，反衬淡竹品质的高洁。　3."空"是本质，"直"是表象，"淡"是升华；"空""直"是基础前提，"淡"是发展提高。

4.不能。因为这一段由写竹到写人，拓宽了文章思路（或：体现了散文"形散神不散"的特点）；丰富了"竹"的内涵，深化了文章的主题。（评分：第一

问1分,第二问2分,共3分。其他答案合情合理即可)

5.形式上:总括全文,呼应开头(结合本文分析,分析从略)内容上:深化主题,点明主旨(表达了作者对淡竹的赞美之情)

文末

1.正确选择是 C E

(A.本文是一篇托物言志的抒情散文,没有对淡竹进行正面描写,所以"描绘这种竹子的婆娑风姿"无从谈起。B.无中生有,况艺术形象不能与作者完全等同。D.从倒数第二段内容可知,文中称颂的是"云淡风清""坦荡潇洒"的人生)

2.因为淡竹不仅直、空,而且淡,淡泊名利、与世无争,一身正气、两袖清风,物质清瘦、精神丰腴/生是一道风景,死成实用器物。

3.本文通过把淡竹与其他事物对比,突出淡竹的正直、虚心和淡泊的情怀,又联想到历史与现实中具有淡竹精神的伟人凡人,赞美了坚持操守,淡泊名利者的高尚品质。表明心灵自由,精神丰富,坦荡潇洒的人生态度。(大意如此即可)

4.答案示例:"几乎所有的植物,都攒足劲儿,在喊——我要生存!我要开花!我要结果!"运用了拟人和排比的修辞手法,生动形象地表现了百草园里的其他植物面对灿烂而虚无的诱惑要实现自我价值的强烈愿望。

5."空"既指竹子是空心的,也指竹不藏心机,不虚伪,不妥协,不委曲求全的品格,但是竹子内心却是充实而美好的:他有坚持、有豁达的智慧,有爱情、有亲情、有友情。